김옥현

매거진 에디터로 일을 시작했다. 음식 콘텐츠를
만들 때 가장 즐겁다는 것을 깨닫고는 한국 최초의
라이선스 푸드 매거진 『올리브 매거진 코리아』를 창간,
편집장으로 일했다. 이후 오래 지속 가능한 콘텐츠를
만들고 싶어 출판사로 이직했다. 김영사, 알에이치코리아,
웅진리빙하우스 등에서 실용서를 기획, 편집했다.
2018년 문학동네 임프린트 브랜드 테이스트북스를
론칭했으며 『토스트』, 『파스타』, 『샐러드』, 『쿠킹앳홈』,
『매일 한끼 비건 집밥』 등의 책을 펴냈다.

실용책 만드는 법

실용책 만드는 법

새로운 경험을 제안하는 콘텐츠를
맛있게 요리하기 위하여

김옥현 지음

유유

문화를 바꾸는 사람

탁탁탁, 타닥. 나무 도마에 부딪히는 둔탁하고 묵직한 칼 소리를 숨죽여 지켜본다. 컷, 소리에 참았던 숨을 고르고 외친다. "다음이요!" 도마가 한편에 치워지고 칙, 가스레인지에 불이 켜진다. 잠시 후 냄비 속 소스가 보글거리기 시작한다.

한두 달에 한 번 영상 촬영장에서 벌어지는 일이다. 요리 영상은 보통 현장음을 살리는 경우가 많아서 요리가 시작되면 묵언 수행(?)을 하는 일이 흔하다. 왜 영상 얘기가 먼저 시작되는지 의문을 가질지도 모르겠다. 사무실에서 원고를 보는 일이 편집자의 주 업무라고 생각하는 사람들이 대부분일 테니 말이다. 결론부터 말하자면, 이 시대 요리책 편집자의 일은 더 이상 편집에 국한되지 않는다.

사실 독자는 물론 다른 분야 편집자들도 요리책 편집자가 어떻게 일하는지 정확히 알지 못한다. 그러니 이 책은 요리책 편집자의 일을 궁금해하는 사람부터 경력이 많지 않은 실용책 편집자(또는 일을 더 잘하고 싶은 요리책 편집자), 그 외 출판계 종사자에게 요리책 편집자가 어떤 일을 하는지 장황한 설명을 하는 대신 건네는 다른 형태의 말이 될 것이다.

요리책 편집자의 일을 살펴보기 전에 먼저 한국의 요리책에 대해 말하고 싶다. 최초의 요리책은 1459년 『산가요록』으로 알려져 있다. 세종의 어의 전순의●가 민가에서 살아가는 데 필요한 것들을 기록했는데 121가지 다과와 탕류, 37가지 김치, 66가지 술 빚는 법 등이 담겨 있다. 하지만 아쉽게도 이 책은 약식동원●●의 관점에서 접근한 의료 서적에 가깝다. 순수하게 음식 만드는 법에 초점을 맞춘 요리책은 1670년경 안동 장씨 부인이

● 세종·문종·세조 3조에 걸쳐 전의감(조선시대 궁중에서 쓰는 의약의 공급과 임금이 하사하는 의약에 관한 일을 관장했던 관서) 의관을 지냈다. 동양 최대의 의학사전인 『의방유취』의 편찬에도 참여했다.
●● 먹는 것이 약이 된다. 약과 음식은 근원이 같다. 향토적인 먹을거리나 토종 동식물이 건강과 환경에 좋다는 사고방식.

쓴『음식디미방』이라고 할 수 있다. 예로부터 전해진 요리법뿐 아니라 스스로 개발한 조리법까지 수록되어 있는 한글 요리책이다. 이후 1917년에 와서야 구전으로 이어지던 전통 음식 제조법을 체계적으로 완성한 책이 등장했다. 이화여자전문대학 방신영 교수가 저술한『조선요리제법』이다. 이런 책들은 명확한 조리법을 전달하려는 목적에서 쓰였다. 편집자의 역할이 따로 있지는 않으며 있었더라도 아마 기술자에 지나지 않았을 것이다. 이후 요리책은 계속 진화했지만 풍부한 자료와 사진이 포함된 지금의 요리책과 같은 형태는 1990년대 이후 만들어졌을 정도로 그 역사가 길지 않다.

"연애를 글로 배웠어요"라는 말을 종종 듣는다. 연애 경험담을 글로 읽는 것이 '연알못'들에겐 도움이 될 수도 있을 것이다. 그렇다면 요리도 글로 배울 수 있을까? 요리 서바이벌 프로그램『마스터셰프 코리아 2』의 우승자 최강록은 만화『미스터 초밥왕』을 통해 요리법을 습득했다고 한다. 요리 초보도, 전문가도, 베테랑 주부도 진지하게 요리하고 싶을 때, 혹은 요리 도중에 곤란해질 때 보는 것은 여전히 요리책이다.

정리하자면, 요리를 글로 배울 수 있도록 구현한 것이 요리책이고 이것을 만드는 사람이 요리책 편집자다.

출연자의 냉장고를 스튜디오로 옮겨와 그 속에 있는 재료만으로 요리 대결을 펼치는 TV 프로그램『냉장고를 부탁해』에 출연한 셰프들은 하나의 냉장고 속에서 꺼낸 같은 재료로 저마다의 개성이 담긴 플레이트를 완성한다. 요리책 편집자도 이와 같다. 어떤 재료로 어떻게 '조리'하는지에 따라 수십 가지 맛의 다채로운 책이 만들어진다. 그 무게와 역할은 생각보다 크다.

요리책은 시대의 식문화 수준을 반영하는 중요한 사료다. 아쉽게도 한국은 미식 문화의 발달에 비해 요리책의 역사가 짧고 저자군의 스펙트럼이 넓지 않으며(독자층도 여전히 좁다) 분야도 한정적이다. 지난 5~6년 사이 먹방, 쿡방이 인기 콘텐츠로 자리를 잡았고 셰프들은 전례 없는 인기를 누리고 있지만 이전까지 요리는 주부의 일, 여자들의 취미 정도로 취급되기 일쑤였다.

2016년『올리브 매거진 코리아』특집 칼럼을 준비하며 인터뷰했던 해외 출판사 요리책 전문 편집자들의 답변을 아직도 기억한다.

'파이돈'에서 출판한 책은 전 세계 사람들에게 읽히기 때문에 요리책 편집자로 일하며 책을 만드는 일이 늘 보람찹니다.

—에밀리아 테랑니('파이돈' 발행인)

독자들에게 요리하는 법을 알려 줄 수 있다는 것 자체가 큰 보람이며 그래서 더 아름답고 문화적으로 가치 있는 요리책을 만들어야 한다고 생각합니다.
—사라 빌링슬리('크로니클북스' 편집자)

소설 『배를 엮다』(미우라 시온 지음, 은행나무)에는 '대도해'라는 사전을 편찬하는 편집자들이 등장한다. 13년간 하나의 사전을 만들기 위해 고군분투하며 성장하는 편집자들이 인상적이다. 분야는 다르지만 나도 신입 편집자 마지메와 같은 때가 있었으며 이제는 어느덧 마츠모토 선생 같은 역할을 요구받는 때에 이르렀다. 여전히 아날로그 방식으로 일하는 『배를 엮다』의 사전 편집부원 그리고 그들과 다르지 않은 방식으로 일했던 내 신입 시절과 달리 이제는 다양한 무료 콘텐츠들과 경쟁하는 시대다.

TV, SNS, 유튜브 등 음식 관련 무료 콘텐츠가 즐비한 요즘. 이 시대에 요리책이 설 자리는 어디쯤일까? 과연 요리책이 필요할까? 그리고 요리책 편집자는 어떤 일을 하는 사람일까?

결론은 나가는 글에서 다시 언급하기로 한다.

{ 1 }

실용이라는 넓은 분야, 그중에 요리책

문학이나 전문적인 내용을 담은 것이 아니라 현실 생활에 직접적인 도움이 되는 내용을 담은 책.

『표준국어대사전』은 실용책을 이렇게 정의한다. 실생활에 도움이 되는 어떤 것도 실용책이라 이름 붙일 수 있는 것이다. (범위가 모호하고 방대하다.)

매거진 에디터로 일을 시작해 2018년 문학동네 임 프린트 '테이스트북스'를 론칭했다. 테이스트북스가 요리책 전문 출판사냐는 질문을 종종 듣는데 '테이스트'taste는 '취향'이라는 의미를 담고 있다. 내 취향을 담은 브랜드이고, 요리에 중심을 두고 있지만 라이프스타일 전반을 다룬다.

　라이프스타일에 관한 실용책은, 서점마다 분류 체계가 조금씩 다르지만 대략 다음의 범주에 속한다.

　가정/육아(집, 살림)

　여행

　건강(다이어트, 미용)

　취미/스포츠

　요리

　이렇게 분류된 카테고리 중에서 편집자가 개입할 여지가 가장 큰 분야는 무엇일까? 하나씩 살펴보자.

　육아, 살림의 경우 에세이나 정보가 많은 비중을 차지하며 아이의 성장 과정이나 육아 경험이 큰 줄기를 이루기에 단기간의 촬영으로 책을 만들기 힘들다. 아이의 성장 과정을 사진으로 담는다면 저자가 직접 촬영하는 경우가 많다.

　여행책은 대부분 저자에게 직접 찍은 여행지 사진을 제공받으니 저자의 역할이 크다(연예인, 인플루언서와 함께 다니며 화보를 만드는 경우는 이와 다르니 논외로 치자). 여행책은 편집이 까다로운 분야로 꼽히는데,

특히 가이드북은 정확한 정보를 줘야 하고 지도 및 동선 등 소소하게 챙길 것이 많아서 후반 편집에 무척 공을 들여야 한다.

건강은 어떨까? 의학 정보나 연구를 밝히는 것이 주 목적이므로 전문가인 저자에 기대야 한다. 임상 데이터, 사례, 도표 등 많은 자료는 대신 써 줄 수도, 만들어 낼 수도 없다.

다이어트와 스포츠는 책의 여러 시각 요소를 만드는 작업을 저자와 함께 해야 한다. 저자의 몸, 저자의 동작에 기반한 정확함이 요구되기에 이런 점이 부각될 수 있도록 촬영해야 하며 사실적으로 담아내는 것이 무엇보다 중요하다.

취미의 영역은 무척 다채로우며, 먼저 언급한 모든 분야를 아우를 수도 있기에 나눠서 설명하는 것이 무의미하다.

이제 남은 분야는 패션(보통 취미의 하위 분야로 분류), 인테리어(집), 요리다.

패션, 뷰티, 인테리어, 푸드 분야를 모두 담당했던 여성 잡지 에디터 시절, 편집장은 신입이나 경험이 적은 에디터에게 푸드 칼럼을 가장 많이 배당했다. '1세대' 푸드 스타일리스트가 갓 활동을 시작하고 요리 연구가가 준비한 음식을 맛있게 보이게 촬영하면 된다고 여기던 때다. 나 역시 그때는 손이 많이 가는 패션이나 인테리어에 비해 요리 칼럼이 작업하기 쉽다고 생각했다.

제품이나 모델이 예쁘게 나와야 하는 뷰티, 공간의 힘이 중요한 인테리어 그리고 모델과 의상 선택, 무드가 무척 중요한 패션과 달리 요리는 에디터에게 배당되는 몫이 좀 더 많은 분야다. 촬영 시 에디터가 나서서 음식을 부각해야 하는 것은 기본이며 때로는 공간과 모델, 무드까지 모두 신경 써야 한다.

경력이 쌓이며 이를 깨닫고는 국내외 수많은 책과 잡지, 숍, 레스토랑 등을 경험해 그것들을 체화해서 칼럼에 반영하기 시작했고, 그 과정에서 요리 분야에 더 큰 재미를 느끼게 되었다.

연예 프로그램을 보면 종종 패션 화보 촬영장에서 연예인을 인터뷰한다. 많은 스태프가 북적이고 여기저기서 조명이 터지며 사진가는 연신 셔터를 눌러 댄다. 요리 촬영장은 어떨까? 생각보다 더 다이내믹하다. 한쪽에서는 볶고, 끓이고, 칼질하는 저자의 퍼포먼스가 한창이고, 사진가와 어시스턴트는 분주히 촬영 장비를 점검하고 조명을 세팅한다. 스타일리스트는 끝도 없는 그릇과 소품 등을 늘어놓고 구상한다. 편집자는 뭘 할까?

전체적인 상황과 환경을 점검하며, 한정된 시간에 각각의 스태프가 최선의 결과물을 뽑아낼 수 있도록 돕고 결정하고 수정하기를 반복한다.

요리를 하는 것은 저자이지만 메뉴가 적절한지, 요리가 담길 그릇이나 공간과 잘 어우러지는지, 트렌드와는 맞는지 조율하고 결정하는 것은 편집자의 영역이다. 그리고 요리책은 저자가 주는 원고만 받아서 바로 편집할 수 있는 분야가 아니다. 트렌드에 맞게 기획을 하고 구성을 바꿔야 하며 저자 대신 원고를 쓰기도 하고 촬영 진행도 해야 한다. 글로만 완성되지 않으며, 사진 등 시각 요소가 더해져야 비로소 완성된다. 어떻게 보면 사진에 글이 더해진다고 할 수도 있겠다. 장황한 글보다 집약된 그림이나 사진이 더 효과적인 전달 체계가 되는 것이 요리책이며, 사진 작업이 끝나고 그에 맞는 글을 작성하는 경우도 많다. 편집자의 역할이 큰 만큼 편집자의 기획력, 현장 진행력에 따라 전혀 다른 책이 완성되는 것이다. 그래서 요리책 편집자는 좀 더 성실하고 꼼꼼하고 치열해야 한다.

그래서 요리책을 제대로 만들 수 있다면 다른 분야 실용책도 어렵지 않게 만들 수 있다. 전체적인 기획, 구성은 물론 저자와 함께 메뉴 개발 작업을 하고, 현장에서 많은 스태프와 협업하며, 그때그때 필요한 결정을 하고, 이후 제대로 된 정보를 가려내고 레시피를 정리하는 작업 모두를 경험하게 되기 때문이다. 이런 경험은 큰 자산이 된다. 스포츠, 다이어트, 여행……. 그 모양은 조금씩 다를지언정 '내가 습득한 내 레시피'는 어디에나 담을 수 있다. 단지 담길 그릇이 조금씩 달라질 뿐이다.

하지만 아쉽게도 이런 실용책, 특히 요리책 기획과 편집을 배울 기회는 쉽게 얻기 어렵다. 이제는 과거처럼 신입 편집자를 도제식으로 가르치는 대신 경험 있는 외주자를 찾는 경우가 많고, 선배 편집자라 하더라도 일을 제대로 배운 사람이 드물어 후배를 가르치지 못한다. 미미하지만 이 책이 조금이나마 도움이 되면 좋겠다.

{ 2 }

기획: 일상의 반영

편집자의 일을 한마디로 정의하면 '스토리를 만드는 것'이다. 지금 시대는 상품의 기능이나 가격에서 큰 차이가 없다. 앞으로는 '상품에 어떤 이야기를 담았는지'가 더 중요해질 것이다.

— 미노와 고스케, 『미치지 않고서야』에서

콘텐츠는 기획에서 출발한다. 그리고 기획은 스토리텔링을 포함한다. 책에는 저마다 다른 스토리텔링이 담겨야 한다. 편집자가 기획할 때 가장 먼저 생각해야 할 부분이다. 다음으로는 가치 기준을 정해야 한다. 내가 책을 기획할 때 우선적으로 생각하는 가치 기준은

'쓸모 있을 것'과 '유용할 것'이다. 우리는 늘 수많은 콘텐츠 속에 둘러싸여 있다. 돈과 시간, 노력을 낭비하며 쓸모없는 것을 하나 더 보탤 필요는 없지 않은가.

그렇다면 어떤 기획이 쓸모 있을까. 이미 출간된 책을 통해 간단히 설명할 수 있겠다. 몇 년 전 에어프라이어가 우리 삶에 갑자기 등장했다. 전자레인지, 오븐도 아닌 새로운 카테고리의 이 주방 가전은 많은 가정의 집밥 문화를 바꿔 놨다. 이를 캐치해 만든 에어프라이어 활용 레시피 책은 흐름을 빠르게 읽고 대응한 쓸모 있는 기획이다. 반면 TV 프로그램의 화면을 캡처해서 지면으로 그대로 옮긴 것에 지나지 않은 『수미네 반찬』은 유용하지 않은 콘텐츠다. 텔레비전을 보는 것과 다를 것, 그보다 나을 것이 없기 때문이다.

내가 생각하는 좋은 기획, 좋지 않은 기획은 다음 조건을 만족한다.

> **체크리스트 1: 좋은 기획**

- ⌄ 기존에 없던 것: 이미 출간된 아이템은 아닌가(시장을 꼼꼼히 살필 것)
- ⌄ 트렌드를 반영할 것: 반영한다면 트렌드를 살짝 앞설 것

- ⊘ 지속성이 있을 것: 1~2년 안에 유행에 뒤쳐지는 것은 아닌가
- ⊘ 대중성이 있을 것: 소수의 마니아들에게만 지지를 받는 것은 아닌가
- ⊘ 독자가 명확할 것: 적은 사람들에게라도 지속적으로 지지를 받을 수 있는가
- ⊘ 의미 있을 것: 문화적으로, 시대적으로 가치 있는가
- ⊘ 구체적일 것: 불특정 다수보다 특정 1인을 타깃으로 하는 것이 더 대중적이다

> ### 체크리스트 2: 좋지 않은 기획

- ⊘ 기존에 출간된 아이템을 반복하는 것
- ⊘ 방송, SNS 등에 공개된 콘텐츠를 정리한 것
- ⊘ 전문성이 없는 정보 짜깁기 수준의 콘텐츠
- ⊘ 저자의 유명세에 기댄 내용 없는 기획, 대필로 점철된 콘텐츠
- ⊘ 콘셉트의 통일성이 없는 복잡한 것
- ⊘ 개인 취미로 한정할 만한 극소수를 위한 콘텐츠
- ⊘ 트렌드에 한참 뒤쳐진 것
- ⊘ 난해하며 예술성만을 강조한 것

실용책, 요리책은 철저한 기획에 의해 만들어진다. 누구나 좋은 기획을 하고 싶고 내가 만든 책이 많은 사람들에게 오래 사랑받기를 꿈꿀 것이다. 그렇다면 괜찮은 기획은 어떻게 해야 하며 어디에서 시작되는가? 내가 먹는 것, 보는 것, 사는 것, 가는 곳. 나를 둘러싼 무수한 것에서 출발하며 그것들은 유기적으로 연결되어 있기에 시작점을 명확히 짚어 내기란 쉽지 않다.

내 기획에는 좁게는 내 취향이, 넓게는 나와 내가 살고 있는 시대가 고스란히 반영된다. 하지만 경험에서 축적된 직관, 인사이트가 중요한 요소로 작용하며, 지식과 경험, 감성이 버무려진 무형의 것이기 때문에 아쉽게도 기획을 잘하는 법에 대해서는 노하우를 전하기 어렵다. 많이 보고, 읽고, 접하고, 먹고, 만나고, 다니기. 이게 내가 건넬 수 있는 팁이다. 다양한 것을 읽고 보며 사람들이 어떤 것에 반응하는지 파악하고 빠르게 대처해야 한다. 가끔 집에 TV가 없다거나 보지 않는 것을 고상한 취미인 듯 말하는 편집자를 만난다. 트렌드를 알고 이끌어야 하는 편집자가 가장 영향력 있으며 대중적인 대표 매체를 놓치는 것은 직무유기다. 실용책 편집자가 책만 읽는 건 더 이상 미덕이 아니다.

기획을 구체화하기로 마음먹었다면 이제 다음 중

하나를 결정해야 한다. 저자를 결정하고 기획할 것인가, 기획한 뒤 저자를 찾을 것인가. 전자와 후자는 기획을 구체화할 때 그 방식이 완전히 달라진다. 연예인, 유튜버, 인스타그래머 등 유명인에 기대어 책을 만들 경우 저자를 먼저 찾은 뒤 그에 맞는 기획을 한다. 반면 기획을 한 뒤 저자를 찾는 후자의 경우에는 기획력이 더 뛰어나야 한다. 이 경우에는 내 기획이 앞서 말한 '좋은 기획'에 부합하는지 살펴보는 것부터가 시작이다.

기획을 할 때는 하나의 스타일에 갇히지 않게 주의한다. 한 가지 주제를 여러 가지로 펼쳐 놓고 차별화된 두세 가지 안을 만들어 보는 것이 좋다. 최종 단계에서 그중 한 가지를 선택할 수도 있고 두세 가지 중에 장점만을 선택·취합해서 하나로 만들어 낼 수도 있다. 어느 쪽이든 계속해서 새로운 시각으로 접근할 것을 권한다.

{ 3 }

저자: 섭외보다 발굴, 스태프: 발굴보다 섭외

연예인이나 파워블로거의 요리책이 시장을 잠식하던 때가 있었다. 이제는 인스타그래머와 유튜버 같은 SNS 인플루언서들이 그 뒤를 잇고 있다. 이는 비단 한국에 한정된 현상이 아니라 전 세계적으로 비슷하게 나타나는 추세다. 소통이 가능한 친근한 사람, 현실과 동떨어지지 않은 라이프스타일을 가진 사람, 내게 필요한 실용 정보를 줄 수 있는 사람이 매력적인 저자로 각광받는 시대다.

좋은 저자를 발굴하는 것도 편집자의 일 중 하나다. 기존 저자에게서 최상을 끌어내는 것도 좋지만 새로운 저자에게 기회를 열어 주는 것도 의미 있는 일이다. 내가 기획한 책 저자의 80퍼센트 이상은 이전에 한 번도 책을 낸 적이 없었다. 그중에는 '인생에 책은 한 권이면 충분하다'는 경우도 있었고, 드물게는 출판사를 옮겨간 경우도 있었지만 '두 번째 책을 낸다면 함께 하고 싶다'는 의사를 전해 온 경우가 많았다. 다른 출판사에서 발굴한 저자에게 연락해서 기존에 냈던 스타일로 후속작을 내자고 했다는 편집자의 얘기를 종종 듣는다. 참 안타깝고 답답하다.

그런데 저자는 왜 책을 내고 싶어 할까? 책에 대한 막연한 로망, 또는 작가라고 불리고 싶은 꿈이 있을 수도 있겠다. 책이 자신에게 최상의 포트폴리오가 될 뿐 아니라 이로 인해 인맥, 관계, 일의 폭이 넓어지는 계기가 된다. 각 분야에서 일하는 전문가를 저자로 섭외해 실용책을 내면 그 책은 저자의 세계와 활동 영역을 확장해 준다. 실제로 책을 낸 뒤 강연과 수업, 브랜드 광고나 컨설팅, 제품 판매 등 이전에는 해 본적 없는 새롭고 다양한 일을 시작한 저자가 많았다.

기획 방향에 맞는 저자를 섭외했다면 다음으로는 서로 원하는 책의 방향이 일치하는지를 살핀다. 책을 내고 싶은 마음은 같지만 방향은 전혀 다를 수 있다. 서로의 지향점이 다르면 책을 만드는 과정에서 서로에게 생채기를 입힐 수도 있고 일방적으로 상처를 받게 될 수도 있다. 결과물의 완성도는 말할 것도 없다. 저자와 편집자는 일로 만난 사이지만 동료가 아니며, 함께 책을 만드는 것은 다른 영역에서 다르게 살아온 사람과 함께 일하는 것이다. 처음부터 서로의 영역에 대해 설명하고 같은 그림을 그리고 있는지를 확인해야 한다. 기획을 정비하고 목차를 준비하는 과정에서 저자의 역량이 현저히 낮거나 진행에 난관이 예상된다면 초반에 과감히 포기하는 게 낫다. 일을 하다 보면 저자는 끝도 없이 무리한 요구를 하고 편집자의 영역을 침범하기도 한다. 책을 경험해 보지 못한 초보 저자에게서는 더 자주 발생하는 일이다. 무례한 사람은 의외로 많다.

저자가 다음의 기준에 부합하는지 살펴본다. 저자와 편집자의 관계는 단순히 갑과 을로 단정 지을 수 없다. 되돌릴 수 있는 기회가 아직은 있다.

체크리스트 3: 함께 일하기 힘든 저자

⊘ 약속, 마감에 무감각하며 불성실하다.
⊘ 모든 것을 편집자에게 맡긴다.
⊘ 편집자를 믿지 못하고 자신의 스타일만 고집한다.

- 자랑 일색인데 반해 실력이 없다. (빈 수레가 요란하다)
- 모든 스케줄을 자신에게만 맞추며 밥 먹듯이 일정을 바꾼다.
- 편집, 디자인, 마케팅 등 영역을 침범하는 무리한 요구를 한다.
- 과도한 선인세나 기타 비용을 요구한다.
- 함께 일하는 사람을 아랫사람이나 비서 대하듯 한다.
- 협의 후 일이 진행된 상황에서 판을 다시 바꾸게 만든다.

인플루언서 혹은 초보 저자와 작업하기

유명인이 저자인 경우 출간 직후 초반 판매량이 높을 수 있다. 그러나 그 시기 이후 책의 운명을 결정짓는 것은 콘텐츠의 질이다. 콘텐츠의 질은 저자가 얼마나 책에 참여하고 협조하느냐에 따라 달라진다. 저자 자신이 책에 적극 참여할 의사가 있고 역량도 있다면 가장 좋다. 하지만 그 반대라면 많은 이들의 참견으로 배가 산으로 가는 일이 생긴다.

저자의 첫 책을 진행한다면 그의 역량이 충분한지를 한 번 더 살핀다. SNS 등에 업로드된 콘텐츠의 질을 확인하고 작업을 원활하게 할 수 있을지 충분히 이야기를 나눈다. 글을 쓰고 책을 만드는 전체 과정과 소요 시간, 작업량에 대해 알려 주고 함께 정한 일정을 잘 지킬 수 있는지, 일의 무게를 감당할 수 있는지 확인한다.

이 과정을 거쳤더라도 작업이 시작되면 서로의 의견이 부딪히는 경우가 종종 생긴다. 이럴 때 앞서 언급한 예에 해당하는 저자와는 골이 깊어질 수밖에 없다. 가끔 저자와의 관계가 원활하지 않으면 '결국 내 이름으로 나가는 책도 아닌데 이렇게까지 해야 하나' 하는 생각이 들며 편집자의 일에 대해 회의나 자괴감이 들기도 한다. 잡지 에디터로 일하면서는 느껴 보지 못한 감정이다.

얼마 전 일을 마치고 촬영장을 나오는데 저자가 따라 나오면서 "편집자가 영화감독이고 스타일리스트는 미술감독, 사진가는 촬영감독이네요"라는 말을 했다. 존중의 의미에서 한 말이라는 것을 알기에 고마웠다.

함께 일하기로 했다면 서로를 존중해야 한다. 저자가 선을 넘는 요구나 과도한 간섭을 한다면 들어주지 않는다. 물론 편집자가 의무와 역할을 다해야 하는 것은 기본이다.

협업의 시작, 스태프 섭외

실용책 편집에서는 스태프를 섭외하는 일이 무척 중요하다. 요리책 촬영에는 보통 사진가와 푸드 스타일리스트가 필요하다. 편집자가 현장에 나가 직접 진행을 하지 않을 경우에는 진행자도 필요하다. 예산과 분야, 콘텐츠의 스타일을 잘 파악해서 적합한 사람을 섭외한다. 능력 있는 사진가와 푸드 스타일리스트는 항상 스케줄이 차 있으므로 구체적인 작업 방향이 잡히면 이들의 스케줄을 먼저 확인해야 한다.

사진가의 경우 각자 분야에 특화된 사진을 찍는다. 패션이나 건축, 자동차 사진가가 요리 사진을 찍는 경우는 드물다. 요리 촬영에 특화된 전문 사진가를 섭외한다. 스타일리스트도 마찬가지고 진행자 또한 실용책이나 요리책 촬영 경험이 있는 편집자를 찾아야 한다. 요리책 진행자가 어떤 일을 하는지 궁금할지도 모르겠다. 편집 외주를 맡기는 것과 비슷한데, 요리책은 촬영이 필요하기 때문에 원고 정리 뿐 아니라 시각 요소를 만드는 데 필요한 사진 촬영 진행과 정리까지 포함한다. 담당 편집자가 미숙할 경우 촬영 경험이 풍부한 외주 진행자와 일하는 것이 일반적이다.

요리책은 사진이 책의 전체적인 이미지를 좌우하므로 사진가의 역할이 무척 중요하다. 요리 사진이 전문 분야라 하더라도 각자의 스타일이 있어서 진행할 책의 콘셉트와 어울릴 만한 사람을 선택하는 편이 좋다. 사전에 함께 작업을 해 본 적이 없다면 미리 포트폴리오를 받거나 미팅을 통해 의견 교환을 충분히 해야 한다. 서로 일하는 방식이 맞지 않다면 좋은 결과물을 얻기 힘들다.

〔 4 〕
차례 구성, 일정 관리:
완벽한 준비가 좋은 책을 만든다

저자와 스태프 섭외까지 완료했다면 이제 기획을 구체화해서 목차를 구성할 차례다. 퍼덕이는 싱싱한 생선을 조리해서 근사한 생선 요리로 완성해 접시에 담아야 하는 것이다. 저자에게 재료를 얻어서 면밀히 살피고 어떻게 요리할지를 정한다. 굽고, 찌고, 조리는 등 다양한 방식의 조리법을 시연해 본다. 같은 재료를 쓰거나 비슷한 요리를 하는 다른 레스토랑에서 어떤 메뉴를 팔고 손님들은 어떤 메뉴를 선호하는지 시장 조사까지 거쳐 우리만의 조리법을 결정하면 그때부터 본격적인 요리를 시작한다. 이 단계에서 편집자의 능력이 크게 발휘된다. 편집자의 경험치에 따라 조리법이 결정되기 때문이다.

체크리스트 4: 차례 구성 단계에서 점검할 것

⊘ 기존에 출간된 같은 콘셉트의 책이 있는지, 구성이 같지는 않은지

⊘ 트렌드에 부합하며 앞으로도 지속 가능한 것인지

⊘ 시리즈로 확장할 가능성이 있는지

⊘ 대중의 공감을 얻을 만한지

⊘ 저자의 전작이 있다면 차별화가 되는지(시리즈의 경우 제외)

⊘ 검색을 통해 쉽게 볼 수 있는 콘텐츠는 아닌지

⊘ 현실적으로 저자가 소화할 수 있는지

구성하는 도중 마음에 걸리는 부분이 있다면 잠깐 멈춰서 이런 점들을 다시 점검하고 확인한다. 저자에게 휘둘려 애초의 기획 방향과는 다른 목차가 나오면 책이 나온 다음 틀림없이 후회하게 된다. 협의를 통해 저자가 해낼 수 있는 현실적인 목차를 정리한다.

차례 구성

출간 계약 전 저자에게 목차와 샘플 원고를 받는 출판사나 편집자도 있다. 내 경우 계약 전 샘플 원고를 받는 일은 드물다. 전작이 있는 저자라면 어떤 스타일로 어떻게 글을 쓰는지 어느 정도 파악할 수 있고, 처음 책을 낸다 해도 SNS 등을 보면 스타일을 짐작할 수 있기 때문이다. 실용책에서는 저자의 글발보다 시각 요소를 통한 정보 전달이 더 중요한 경우가 많기 때문에 미리 원고를 요구할 필요는 없다고 생각한다. 대신 우리가 만들어 갈 책의 방향성을 설명하고 비슷한 이미지의 책이나 자료 등을 보여 준다. 간혹 글쓰기를 두려워하는 저자를 만난다. 이럴 때는 저자가 가진 많은 정보와 지식을 얼마나 효과적으로 전달하느냐가 중요하다고 설득하고, 갓 뽑아 온 채소를 다듬고 손질하고 양념을 첨가하는 것은 편집자의 몫이라고 말해 준다.

목차를 구성할 때는 먼저 카테고리를 나누고 각 카테고리 안에 담길 세부 콘텐츠를 정리한다. 레시피북의 경우 메뉴를 정하는 데까지가 여기에 해당한다. 메뉴 목록은 저자에게 일찌감치 요청해 두어야 한다. 저자가 메일로 다음과 같은 요릿감을 보내왔다면 편집자는 앞치

마를 두르고 재료 손질을 시작해야 한다.

채식 책을 준비하는 저자가 보내온 메일

1 감자 요리

감자달걀샐러드, 감자전, 감자해물탕, 웨지감자구이,

감자양파볶음, 감자조림, 감자된장국, 감자솥밥,

으깬감자샌드위치, 감자바질페스토파스타

2 버섯 요리

팽이버섯전, 표고전, 버섯튀김덮밥, 모둠버섯조림,

양송이절임, 버섯전골, 버섯칼국수, 버섯매운탕,

모둠버섯피클, 버섯피자

3 가지 요리

가지통구이, 가지탕수, 가지덮밥, 가지찜, 가지냉국,

가지그라탱, 가지나물, 가지샐러드, 가지장아찌,

가지파니니

편집자는 다음과 같이 베리에이션 할 수 있겠다.

1안 『맛있는 채소 집밥』

PART1. 국과 탕

감자해물탕, 감자된장국, 버섯전골, 버섯매운탕, 가지냉국

PART2. 저장 반찬

모둠버섯피클, 양송이절임, 가지장아찌

PART3. 일품밥

감자솥밥, 버섯튀김덮밥, 가지덮밥

PART4. 채소 반찬

감자전, 감자달걀샐러드, 감자양파볶음, 가지통구이,
가지찜, 가지나물, 가지샐러드

2안 『하루 한끼 채소 요리』

CHAPTER1. 가벼운 채소 도시락

감자달걀샐러드, 으깬감자샌드위치, 가지덮밥,
가지샐러드, 가지파니니

CHAPTER2. 든든한 채소 저녁상

감자해물탕, 버섯전골, 버섯매운탕, 가지탕수

CHAPTER3. 주말 특식 채소 브런치

웨지감자구이, 감자바질페스토파스타, 표고전, 버섯피자,
버섯튀김덮밥, 가지탕수, 가지그라탱

3안 『제철 채소의 다채로운 맛』

봄. 가지 한식 밥상

가지통구이, 가지탕수, 가지덮밥, 가지찜, 가지냉국,
가지나물, 가지샐러드, 가지장아찌

여름. 감자 별미 반찬

감자달걀샐러드, 감자전, 감자해물탕, 웨지감자구이,
감자양파볶음, 감자조림, 감자된장국

가을. 버섯 저녁 술상

팽이버섯전, 표고전, 양송이절임, 버섯전골, 버섯칼국수,
버섯매운탕, 버섯피자

1안부터 3안까지 세 가지 구성을 각각 면밀히 검토하고 이 책이 다른 책과 차별화되는 지점이 어디인지, 어떻게 스토리텔링할 것인지를 고민한 후 발전시켜서 하나의 목차를 완성한다. 이 과정에서 '팁' '보너스' '인포' '칼럼' 등의 이름을 단 세부 요소가 생겨날 수 있으며 최대한 많은 것, 참신한 것을 담을 수 있는 장치를 책 속에 마련해야 한다. 이후 저자의 의견을 듣고 메뉴를 조율한다.

문학은 단순한 검색만으로 작품을 볼 수 없지만 요리 레시피는 블로그, 인스타그램, 유튜브 등을 통해 여러 가지 버전을 쉽게 찾을 수 있다. 그러므로 요리책은 소장 가치가 있어야 한다. 검색으로 쉽게 찾을 수 없는 것은 물론 정확한 레시피를 제공해야 한다. 저자가 온전히 신간을 위해 메뉴 개발을 하는 경우는 드물다. 기존에 갖고 있던 것과 새롭게 만드는 것, 변형한 것을 섞어서 구성할 수밖에 없다. 흔히 찾기 힘든 메뉴 그리고 이를 새로운 시각으로 풀어낸 레시피를 조율해 새로운 것으로 재창조해야 한다. 내 관심사를 한 권의 책 안에서 손쉽게 찾아볼 수 있는 즐거움이 지갑을 열게 한다.

이렇게 목차가 정리되면 이제는 어떻게 보여 줄 것인가를 고민할 차례다. 요리를 하기 위해 요리책을 보기도 하지만 그 음식을 누구와, 언제, 어떻게 먹고, 어디에 담는지가 궁금한 사람도 많다. 라이프스타일로 확장되는 지점이다. 이 부분에 대해서는 디자인 시안을 찾고 사진과 화보 등의 비주얼 요소를 만들어 내는 단계에서 더 자세히 얘기하기로 하자.

세부 메뉴 구성과 차례 확정

여러 차례 수정을 거쳐서 최종 메뉴가 확정되면 저자는 촬영 전에 하나하나 조리해 보며 맛(간이 적당한지), 크기(한 덩어리로 만들지 두세 조각 등으로 나눠서 만들지), 조리 과정(조리 순서가 흐름에 맞게 적절한지, 중복되는 조리법은 없는지, 불필요한 조리 과정이 들어가지는 않았는지), 분량(책 기준에 맞는 분량에 부합하는지, 사용한 재료와 완성한 분량이 일치하는지), 재료(과도하게 사용하지는 않았는지, 굳이 넣지 않아도 되는 것은 없는지) 등을 확인하는 과정을 거친다. 이 테스트가 끝나면 저자 스스로 1차 레시피를 작성해야 한다. 편집자는 이 레시피를 건네받아 문제가 없는지 살피고 메뉴를 수정하거나 교체한다. 만약 저자가 촬영 전에 충분히 시간을 내지 못하거나 다른 여러 가지 이유로 레시피 작성을 어려워한다면 메뉴에 대한 자세한 설명이나 스케치라도 받아서 확인해 두는 것이 좋다. 같은 김밥이라도 집집마다 맛과 모양이 전혀 다르듯, 촬영장에서 내 생각과 전혀 다른 요리를 마주할 수도 있다. 실제로 이런 일이 일어나면 그런 요리는 책의 콘셉트와 전혀 다른 메뉴이기에 촬영장에서 부득이하게 변경해야 한다.

촬영 전 테스트 과정에서 저자가 어려움을 느끼고 도움을 요청하면 편집자는 메뉴 개발에 도움이 될 수 있도록, 염두에 둔 메뉴의 조리법, 담음새 사진 등을 찾아서 저자와 공유하며 메뉴를 수정, 변경해 나가는 것이 바람직하다.

메뉴를 최종 확정하는 과정은 생각보다 간단치 않다. 짧게는 세 차례, 길게는 열 번 넘게 수정을 거친다.

> **체크리스트 5: 메뉴 확정 전에 점검할 것** ●

- ⌄ 고기, 해산물, 채소, 과일, 유제품 등 다양한 재료를 고루 사용하고 있는가
- ⌄ 국내에서 재료를 구하기 힘든 것은 아닌가, 대체할 재료가 있는가
- ⌄ 같은 재료가 중복되고 있지는 않은가

●한 가지 재료나 특수한 재료를 다루는 책이 아닌 경우에 적용할 수 있는 체크리스트다.

- ⊘ 재료를 일정한 크기나 길이로 썰거나 손질하고 있는가
- ⊘ 같은 소스나 양념, 향신료가 중복되고 있지는 않은가
- ⊘ 같은 조리법이 반복되고 있지는 않은가
- ⊘ 핵심 독자 입장에서 조리법의 난도가 적절한가
- ⊘ 전문가 수준에서 다룰 수 있을 법한 생소한 조리 용어나 재료를 언급하고 있지는 않은가
- ⊘ 최근 트렌드에 맞는 식재료나 요리법, 메뉴가 포함되어 있는가
- ⊘ 적절한 요리 품수를 소개하고 있는가
- ⊘ 기준 분량에 맞는 적절한 재료의 양을 사용하고 있는가
- ⊘ 시판하는 인스턴트 식재료나 소스 등을 과도하게 사용하고 있지는 않은가
- ⊘ 굳이 넣지 않아도 되는 재료를 과하게 사용하거나 불필요한 고명과 장식을 더한 것은 아닌가

출간 및 진행 일정 관리

목차와 메뉴 구성 작업까지 끝나면 이제 본격 여정을 시작할 단계다. 여행을 떠나기 전 출발일과 도착일을 정하고 전체 일정을 짜듯, 긴 작업을 시작하기 전에 출간 일정부터 확정해야 한다. 출간 일정 준수는 매우 중요하

다. 책은 잡지나 신문처럼 마감일이 고정되어 있지 않기에 작업이 한도 끝도 없이 늘어질 수 있다. 해외 유수의 출판사에서는 1~2년 전에 출간일을 정하고 정확히 그 날짜에 책을 낸다고 한다. 우리 여건에서는 어려운 일이지만, 그렇기 때문에 함께 정한 마감은 꼭 지키도록 더 노력해야 하며, 지키고자 하는 의지가 중요하다.

작업 단계별로 일정을 짜서 사전에 공지한다. 내 경우 스프레드시트에 달력을 만들어 모든 작업자의 일정을 표시하고, 이 표를 저자(역자) 뿐 아니라 사진가, 스타일리스트, 진행자, 디자이너, 교정교열자에게까지 건넨다. 지킬 수 있는 일정을 짜는 것이 중요하므로, 내가 건넨 1차 일정표를 보고 각자 가능 여부를 확인한다. 지키기 어렵다면 그 의견들을 반영해서 조정한 다음 다시 최종 일정을 공유한다.

물론 그럼에도 일정을 지키지 못하는 저자나 스태프가 생긴다. 하지만 사전에 지켜야 할 마감일을 공지했고, 모두가 각자의 자리에서 어떤 일을 하고 있는지 알고 있으므로 부득이한 상황이 발생하는 경우를 제외하고는 끝까지 지키고자 노력한다. 편집자가 일정을 지키는 데도 이 방법은 큰 도움이 된다.

실용책은 많은 스태프가 함께 모여서 작업하기 때

문에 어느 한 부분이 꼬이면 엉킨 실타래처럼 되어 버려서 푸는 데 여간 힘이 드는 게 아니다. 때문에 본격적으로 일을 시작하기 전에 반드시 일정을 조율하고 공유해야 한다.

출간 시기 정하기

특정 시기에 출간하는 것이 판매나 이후의 일을 진행하는 데 도움이 되는 책이 있다. 이렇게 출간 시기가 중요한 타이틀은 출간일부터 정한 뒤에 역으로 소요되는 시간을 계산해서 일을 시작할 날짜를 정한다.

저자의 집필이 우선인 경우에는 저자에게 원고를 건네받는 날을 정한 뒤 그날로부터 순차적으로 일정을 정리해서 출간일을 정한다.

편집자의 기획에서 출발하는 국내서의 경우 제작 단계별 예상 기간은 대략 다음과 같다.

①단계	②단계	③단계	④단계
1~2개월	1~2개월	2개월	2개월

① 차례 구성, 계약서 작성

② 1차 메뉴 구성 및 개발, 1차 레시피 작성

③ 촬영 및 최종 원고 정리

④ 디자인 작업 및 인쇄

별도의 촬영 없이 저자가 사진까지 모두 전달하는 경우에는 ②, ③단계도 저자의 원고 작업 기간으로 잡아 주면 된다.

물론 책과 저자에 따라 작업 시간이 단축되기도 하고 훨씬 더 필요하기도 하다. 『토스트』(밀리 지음, 테이스트북스)와 『파스타』(밀리 지음, 테이스트북스)는 기획 단계에서 이미 정확한 차례와 구성을 세워 두었고 저자와 작업을 자주 했던 터라 출간까지 걸리는 시간을 4개월로 단축할 수 있었다. 반면 원고의 양이 방대한 경우나 시간을 갖고 책의 시각 요소들을 만들어야 하는 경우는 1년 이상 걸리기도 한다.

일의 적정량

실용책 편집자는 1년에 책을 몇 종이나 만들 수 있을까? 1인당 1년 목표 종수를 정확히 정해 주는 출판사도 꽤 있는 것으로 안다. 난이도를 배제한다면 경력 편집자의 경우 기획부터 촬영, 교정교열의 모든 프로세스를 담당할 경우 6종이 적정선이라고 생각한다. 번역서라면 이보다 조금 더 늘어날 수 있겠다. 그 이상을 해야 한다면 야근이나 주말 근무를 밥 먹듯이 하거나 완성도를 무시한 채 책을 내는 일이 일어날 것이다.

실용책 편집자는 책 출간 이후에도 홍보나 마케팅 이벤트를 도맡아 기획, 진행해야 한다. 여러모로 손이 많이 가는 분야다.

{ 5 }

촬영 준비:
머릿속의 이미지 구체화하기

촬영이 시작되면 편집자는 전체 현장을 총괄하면서 순간순간 크고 작은 판단을 재빨리 내려야 한다. 판단과 책임 모두 오롯이 편집자의 몫이며 따라서 일의 순서를 가능한 세부적으로, 정확히 알고 있어야 한다. 촬영 준비의 과정을 단계별로 살펴보자.

1단계: 촬영 일정 조율 및 공지

저자, 사진가, 진행자, 스타일리스트의 일정을 파악해서 모두가 출석할 수 있는 날을 촬영일로 확정한다. 반드시 사전에 일정을 고지하고 변경되지 않도록 한다.

2단계: 시안 준비

책의 '비주얼'을 만드는 데 뼈대가 되는 단계다. 실용책 작업에 필요한 시안은 크게 촬영을 위한 비주얼 시안, 디자인을 위한 편집디자인 시안, 두 가지로 나눌 수 있다. 먼저 비주얼 시안부터 준비하고, 디자인 시안은 촬영이 끝나고 원고가 입고된 후에 준비해도 된다.

시안이 제대로 준비되지 않으면 사진가도, 스타일리스트도 준비가 소홀해지고 이는 곧 원치 않는 결과물로 이어진다. 시안은 이미지와 이미지에 대한 간단한 설명을 포함한다. 카메라의 앵글을 어떻게 맞출지, 라이팅(조명)과 사진 질감은 어떻게 만들지, 어떤 소품을 사용할지, 배경 색이나 공간은 어떻게 꾸밀지 등 참고할 만한 이미지와 이미지를 설명하는 글을 모으고 정리하는 것이다. 촘촘하고 상세한 시안은 현장에서 무엇보다 명확한 작업 지침이 된다.

그런데 머릿속으로 구상한 것과 똑같은 이미지를 찾기란 쉽지 않다. 책, 스톡이미지,● SNS 등을 검색해보고 원하는 이미지가 없다면 직접 그려서 준비한다. 사진 앵글, 스타일링, 톤 앤 매너는 하나의 시안으로 합쳐 설명할 수 없으므로 각각의 이미지를 찾는다. 파트(장)

● 다수의 구매자가 사용할 법한 이미지를 미리 예상해 제작한 사진·일러스트·그래픽 이미지.

별로 톤이나 스타일링, 앵글, 배경이 달라지면 구분해서 시안을 만든다.

　내 경우 촬영 일자별로 시안을 준비한다. 각 날짜별로 어떤 파트의 어떤 컷을 어떤 순서로 찍을지 미리 정해 분배해 놓고 그날그날 필요한 시안을 준비한다. 현장에서 저자가 해야 할 일과 사진가가 해야 할 일이 다르듯, 저자에게 필요한 시안과 사진가에게 필요한 시안도 다르다. 편집자가 챙겨야 할 시안은 하나가 아니다. 각 작업자별 맞춤 시안을 준비하는 편이 좋다.

　초보 저자에게는 시안 외에 촬영 순서나 준비할 과정 등을 상세히 설명하는 문서를 하나 더 준비해 주기도 한다. 촬영 경험이 별로 없는 저자일수록 수많은 요리를 하루에 만들어 내는 것을 힘들어한다. 그렇기에 어떤 요리부터 만들어야 하고 바로 이어서 어떤 것이 준비되어야 하는지 사전에 구체적으로 알려 주어야 한다.

3단계: 미팅과 현장 점검

서로 손발을 맞춰 보지 않은 스태프들과 작업한다면 꼭 필요한 단계다. 가장 좋은 것은 촬영 전에 저자, 사진가, 스타일리스트, 진행자가 모두 한 자리에 모여 서로의 아

체크리스트 6: 각 작업자별 시안에 포함되어야 할 것

저자를 위한 시안	사진가를 위한 시안
촬영 일별 진행 내역 촬영 컷 수 톤 앤 매너 그릇·배경·소품 스타일	촬영 일별 진행 내역 사진 컷 수와 레이아웃 판형, 앵글, 톤 앤 매너 공간과 스타일링 무드
스타일리스트를 위한 시안	**디자이너를 위한 시안**
촬영 일별 진행 내역 메뉴와 레시피 사진 컷 수와 레이아웃 앵글 톤 앤 매너 공간과 스타일링 무드 그릇·배경·소품 스타일	판형, 종이·폰트 샘플 표지·본문·(장)표제지·화보

이디어와 구현 가능 여부 등을 확인·확정하는 것이지만 여건상 그러기가 쉽지 않다. 따라서 각각 미팅 일정을 잡고 사전에 시안을 전달한 다음 순차적으로 진행하며 더 나은 아이디어가 있는지 협의한다.

촬영이 진행될 공간을 둘러보고 나면 시안을 잡으며 구상한 것들을 실제로 구현할 수 있을지를 가늠해 보아야 한다. 구현하기 어려운 시안의 경우 보완해서 수정한 최종 시안을 촬영 전에 다시 전달한다.

이 세 단계의 과정이 모두 촬영 전에 이뤄져야 한다. 각자의 역할과 일을 배당하고 의도를 명확히 전달하고 이해시키는 일은 마치 영화감독이 촬영할 신의 콘티를 준비하는 것과도 같다. 이 콘티를 바탕으로 촬영감독이나 미술감독은 촬영 준비를 할 것이다. 연차가 낮거나 경험이 없는 편집자라면 이 과정을 더 부지런히 챙겨야 촬영장에서 당황하는 일이 적다. 기획 의도를 정확히 아는 것 그리고 그 결과물을 책임지는 것은 오직 편집자다.

{ 6 }

촬영: 톤 앤 매너가 뭐죠?

톤 앤 매너Tone & Manner라는 말이 익숙은 하지만 어떤 의미로 쓰이는지 정확히 알지 못하는 편집자도 있을 것이다. 신입 에디터 시절 촬영장에서 이 말을 처음 들었을 때 당황했던 기억이 내게도 있다. 톤 앤 매너는 어조나 음조, 색조를 뜻하는 '톤'과 방식이나 태도를 뜻하는 '매너'가 조합된 말로, 콘셉트를 전달하는 특정 어조와 방식을 뜻한다.

톤 앤 매너를 유지하는 것은 무척 중요하다. 한 권의 책에서 원하는 콘셉트를 일관적인 어조와 방식으로 통일감 있게 전달하지 않으면 어떻게 될까? 아무리 좋은 사진이라도 파트별, 컷별로 전혀 다른 톤이나 스타일링으로 촬영됐다면 어우러지지 않는 것은 물론 조잡해 보이기까지 한다.

경험이 별로 없거나 연차가 낮은 에디터(잡지도 마찬가지)가 흔히 하는 실수 중 하나는 컷마다 다른 스타일의 화보를 만드는 것이다. 톤 앤 매너를 고려하지 않은 결과물은 어떨까. 마치 아마추어의 치기 어린 프로젝트 결과물이나 다름없다. 신입 에디터 시절에는 화보 촬영 때 직접 푸드 스타일링을 했는데 열정이 넘쳐서 무조건 세팅이 달라지면 좋은 줄 알고 8페이지 화보에 컷마다 다른 배경지를 준비한 적도 있다. 톤 앤 매너의 중요성을 알게 되기까지는 꽤 많은 시행착오와 시간이 걸렸다. 더하는 것보다 더는 것이 더 어렵다.

촬영장에서의 작업은 톤 앤 매너 결정에서부터 시작된다. 사진과 스타일링, 디자인에도 톤 앤 매너는 일괄 적용된다. 시안과 유사한 느낌, 현장 상황과 책 콘셉트에 맞도록 조명의 설치 방식이나 강도 등을 조절하며 몇 차례 시험 촬영을 하는데 만약 두 가지 정도의 선택지가 있다면 모두 시도해 본다. 요리는 물론 레이아웃, 판형, 종이 사양까지 고려해서 가장 잘 맞는 톤 앤 매너가 무엇인지 선택한다. 콘셉트를 다시 한번 되새기며 독자층이나 책의 기획 방향에 어느 쪽이 더 적합한지를 판

A

매트한 질감, 콘트라스트를 중간
정도로 표현

B

요리 중심 부분에 포커스를 맞추고
그릇과 배경을 글로시하게 표현

A

질감과 입자를 거칠게 표현

B

아웃포커스를 강조하고 부드러운 톤 표현

A

또렷한 이미지, 푸른 색조로
강렬한 주제 표현

B

약한 콘트라스트, 화이트 톤으로
부드럽게 표현

단한다. 첫 컷을 신중하게 찍고 결정했다면 이후로는 변
경 없이 같은 톤을 고수한다. A로 결정했다면 더 이상
미련 없이 A로 맞춰야 한다. A와 B를 오갈 수는 없다.

스타일링

스타일링에는 지금의 식문화를 반영하기 위해 애쓴다.
유행하는 그릇이나 작가의 작품, 소품 등을 사용하고 요
즘 인기 있는 메뉴나 공간을 옮겨와 그 안에 요리를 담
고 저자의 색을 더한다.

　시대를 적확하게 알 수 있는 다양한 요소들을 스타
일링으로 표현해서 사진으로 구체화시키는 일은 문화

적으로 가치 있는 일이다. 독자는 요리책에서 레시피만 습득하는 것이 아니다. 새로운 식문화를 접하고, 책을 통해 배운 음식을 언제 누구와 어디에 담아 어떻게 먹으면 좋을지 생각하며 내 것으로 만든다. 그러다 보면 책이 이끄는 대로 라이프스타일을 바꾸는 일도 생긴다. 책을 통해 새로운 라이프스타일을 제안하는 셈이 되는 것이다.

촬영

맛있는 요리, 좋은 시안, 능력 있는 스태프가 모였더라도 촬영 현장에서는 여러 가지 변수가 생긴다. 식재료가 부족할 수도, 원했던 것과 다른 모양으로 음식이 담길 수도 있고 그릇이나 소품이 부족할 수도 있다. 예상 밖의 상황이 발생할 때마다 편집자는 판단과 결정을 내려야 한다. 만약 잘못된 판단을 한다면 재촬영을 하게 되는 최악의 경우도 생길 수 있다. 작업 일정과 시간, 비용 등의 문제가 있으므로 재촬영을 하기란 결코 쉽지 않다.

촬영 도중에는 각각의 완성 컷을 모니터로 확인하면서 만족할 만한 컷이 나오면 다음 컷으로 넘어간다. 이 과정에서 스타일링에 변화가 필요할 수 있다. 예를

같은 메뉴를 두 가지 앵글로 촬영. 눈높이에서 촬영한 것과 탑 앵글에서 촬영한 것은 같은 요리지만 전혀 다른 느낌으로 보이게 한다.

요리에 따라 잘라서 표현하는 것이 효과적일 수 있다. 완성 컷은 하나만 사용하더라도 잘라서 보여 주는 컷을 시도하는 편이 좋다.

들어 그릇 옆에 커트러리를 놓은 것과 놓지 않은 것, 완성된 요리를 자른 것과 자르지 않은 것, 소스를 부은 것과 곁들인 것, 테이블 매트를 깐 것과 깔지 않은 것 등으로 다양한 연출을 시도하는 것이다. 필요한 경우 B컷을 시도해 보는 것이 좋은데, 시간이 너무 많이 소요되거나 굳이 필요 없는 경우에는 무리하게 시도하지 않는다. 최종 컷이 채택된 뒤에도 혹시 모를 상황에 대비해 B컷 데이터는 삭제하지 않도록 전한다.

촬영한 음식은 모두 먹어 보기를 권한다. 메뉴에 대해 더 이해할 수 있는 것은 물론 수정을 통해 레시피의 정확도를 높이는 데도 도움이 된다.

촬영 매너

경험이 많지 않은 편집자는 촬영 현장에서 자기도 모르게 실수를 할 수 있다. 실수나 잘못이라고 생각하지 못하고 같은 행동을 반복하며, 이런 패턴이 작업 습관처럼 굳어지기도 한다. 이는 같이 일하는 스태프들과 멀어지는 요인이 된다.

> **체크리스트 7: 촬영 현장에서 실수하기 쉬운 행동**

- ⊘ 책에 사용할 컷은 한 컷인데 여러 차례 앵글을 바꿔 가며 과도하게 촬영할 것을 요구한다.
- ⊘ 촬영 후 저해상 파일을 받고 사용할 컷에 대해서만 고해상 파일을 요구하는 것이 보통이나, 사용하지 않을 컷까지 모두 고해상 작업을 요구한다. (모든 앵글에서 촬영한 모든 사진의 고해상 파일을 요구)
- ⊘ 촬영 전에 협의해서 촬영 순서를 결정하지 않고 탑 앵글과 로우 앵글을 오가며 촬영하게 한다. (이 경우 컷마다 장비 세팅을 다시 해야 하고 시간도 많이 소요된다.)
- ⊘ 무리한 재촬영을 요구한다.
- ⊘ 사진가의 시선을 완전히 배제한다.

- ⊘ 식사 시간 없이 일하게 한다. (본인이 먹지 않는다고 식사를 거르거나 간식을 주고 때운다.)
- ⊘ 특별한 이유 없이 작업이 지연되어 늦은 시간까지 계속 일하게 한다.
- ⊘ 원하는 스타일을 명확히 말하지 못한 채 계속 스타일링의 변경을 요구한다.
- ⊘ 명확한 시안이나 작업 방향을 사전에 공유하지 않고 현장에서 즉흥적으로 바꾸거나 끊임없이 수정한다.
- ⊘ 요리를 그릇에 담기 전에 담음새를 정확히 요구하지 않아 그릇을 계속 교체하거나 다시 담게 한다.
- ⊘ 허락 없이 음식을 먹거나 요구한다.

작업 시간과 순서

촬영은 무작정 늘어질 수 없다. 사진가와 작업하는 경우 한 책당 5~7일 정도 촬영을 한다. 촬영 초반에는 요리나 조리 과정 컷을 촬영하며 합을 맞추고, 중반 이후에 화보나 인물, 표지 등을 촬영하는 편이 효율적이다.

저자와 스태프가 작업 환경이나 분위기에 익숙해지면 점차 속도가 붙고 작업을 좀 더 수월하게 할 수 있다. 촬영 시간은 저자의 컨디션이나 환경, 밑작업 준비량에 따라 천차만별로 달라진다. 사전에 소요 시간과 작업량을 정해 두고 잡아 둔 작업 기간 내에 마칠 수 있도록 한다.

체크리스트 8: 촬영장에서 챙겨야 할 것

- ⌄ 과정 컷과 레시피, 완성 컷이 일치하는가
- ⌄ 스타일링이 책의 콘셉트나 독자층에 맞는가
- ⌄ 같은 그릇이나 소품, 배경지 등이 반복되지는 않는가
- ⌄ 앵글이 원하는 방향으로 진행되는가, 같은 앵글이
  반복되고 있지는 않은가
- ⌄ 앵글이나 배경지를 바꾼 뒤 조명이나 컬러 톤이 틀어지지는
  않았는가
- ⌄ 각 파트(장)별로 의도된 앵글로 촬영했는가
- ⌄ 빠진 컷은 없는가(한 파트가 끝나거나 하루 촬영이 끝나면
  완성 컷은 반드시 모아서 한 번 더 확인한다.)

저자의 사진으로 작업하기

저자가 사진, 그림 등의 시각 자료를 제공하는 경우 사진가를 섭외해 따로 촬영을 할 필요가 없다. 다만 저자

가 직접 촬영을 하는 경우 톤 앤 매너가 유지될 수 있도록 지속적으로 체크한다. 촬영 전에 시안을 만들어 건네는 것이 좋고 샘플 촬영을 요청해 검토한다.

샘플 사진에서 부족한 부분이나 추가, 수정해야 할 부분이 보이면 피드백을 한 뒤 보완한 사진을 다시 받아서 피드백한다. 작업을 시작한 이후에는 한 파트 촬영이 끝날 때마다 결과물을 받아 확인한 뒤 재촬영을 해야 할 부분이 있는지 체크한다. 재촬영을 하게 되면 원하는 바를 최대한 정확히 설명해서 예상한 방향으로 마무리될 수 있도록 한다.

H5M44288.JPG

H5M44340.JPG

H5M44372.JPG

H5M44392.JPG

촬영이 끝나갈 때쯤 사진가에게 요청해서 그날 찍은 컷을 한 화면에 모아 확인한다.
빠뜨리거나 놓친 부분은 없는지 살펴볼 수 있고, 부족한 부분을 다음 촬영에 보완하는
데도 도움이 된다.

H5M44352.JPG

H5M44361.JPG

H5M44424.JPG

H5M44435.JPG

{ 7 }

원고 완성과 교정교열:
맛을 글로 담는다는 것

맛을 글로 담는 것은 생각보다 녹록지 않다. 미묘한 맛을 표현하는 적절한 단어나 문장을 찾는 것도 쉽지 않지만 요리를 만드는 과정을 정확하게 놓치지 않고 묘사하는 것은 더 어렵다. 『또 이 따위 레시피라니』(다산책방)에서 줄리언 반스는 셰프가 만든 것처럼 요리가 완성될 거라는 믿음으로 레시피대로 조리하기를 반복하지만 매번 실패한다.

레시피는 설명이 애매한데, 그러면 적절한 해석의 자유가 있다는 건가? 아니면 저자가 더 정확한 언어를 구사할 수 없어서 그런 건가?

(……)

한 덩어리는 얼마만큼이지? 한 모금은 얼마만큼이지? '컵'이라는 말은 편리한 대로 대충 쓸 수 있는 용어인가 아니면 정확한 미국식 계량 단위인가? 포도주 잔은 크기가 다양한데……

(……)

모호한 양 측정 방법, 조리법, 생전 처음 들어 보는 식자재…… 레시피대로 해도 늘 맛과 모양은 예상치 못한 결과물이 된다.

줄리언 반스의 글이 비판 일색이라고 대수롭지 않게 넘기기에는 찝찝한 마음이 든다. 독자도 대부분 그처럼 전문 도구나 생소한 식재료, 분량에 대해 정확히 이해하지 못하기 때문이다.

저자에게 처음 요리 원고를 받으면 무척 난감하다. 독자의 수준을 알지 못하기에 전문가의 입장에서 서술한, 많은 것이 생략된 레시피를 작성해 보내기 때문이다. 모호하고 부정확한 저자의 레시피를, 편집자는 독자가 따라할 수 있는 레시피로 바꿔 줘야 한다. 요리를 망치지 않도록 정확한 레시피로 바꾸려면 다음을 놓치지 말아야 한다. 내가 요리를 한다고 생각하고 실제로 요리를 하듯 머릿속에서 하나하나 과정을 그려 보는 것이다. '이 메뉴에는 어떤 재료를 얼마큼 어떤 도구로 어떻게 손질해 넣어 어떤 방법으로 만들어서 언제 어떻게 먹을 것인가.' 이렇게 생각하면 한결 쉬워진다.

이 외에 한 가지 더 중요한 것은 레시피를 '보여 주는 방식'이다. 출판사마다 각각 다른 레시피 작성 규칙, 수정 기준을 가지고 있다. 그 기준을 교정교열자는 물론 저자와도 공유해서 통일해 써야 한다. 요리책 교정교열은 경험이 없다면 제대로 하기 힘들다. 수많은 경우의 수가 나타나고 결정해야 할 사항들이 널려 있다. 그런데 사실 이 기준을 제대로 모른 채 요리책을 만드는 편집자가 꽤 많다. 출간된 요리책의 레시피를 보면 그 편집자나 저자의 수준이 가늠된다. 제발 기본적인 것은 익히고 책을 만드는 사람들이 많아지면 좋겠다.

아주 기본적인 레시피를 하나 고쳐 보자. 예를 들어 저자가 다음과 같이 떡라면 레시피를 보내오면 편집자는 이렇게 고칠 수 있다.

저자에게 받은 레시피

떡라면

라면 1개, 떡 한 줌, 물 적당량(라면 봉지 기준)

1 물이 끓으면 떡과 라면을 넣고 먹기 좋게 익힌다.

2 기호에 따라 파나 계란을 넣는다.

편집자가 고친 레시피

떡라면

재료(1인분)

라면 1개, 물 400ml, 가래떡(슬라이스) 30g,

달걀 1개, 파 1/4대

만드는 법

1   떡은 찬물에 10분간 담갔다 헹궈 물기를 뺀다.

2   파는 1cm 너비로 송송 썬다.

3   냄비에 물을 붓고 센 불로 끓인다.

4   달걀을 작은 볼에 담고 노른자가 풀어지게
        살짝 젓는다.

5   물이 보글보글 끓으면 떡을 넣고 5분간 익힌다.

6   라면 수프와 면을 넣고 젓가락으로 면을 위아래로

들어올리며 2분 정도 익힌다.

7   달걀과 파를 넣고 1분 정도 더 익힌 뒤 불을 끈다.

Tip. 달걀은 휘젓지 않는다

달걀을 너무 휘저으면 달걀의 입자가 작게 부서져 지저분해진다. 깔끔하게 익히고 싶다면 달걀을 젓가락으로 휘젓지 말고 그대로 익히는 것이 좋다. 완숙을 원한다면 면을 넣고 바로 달걀을 넣거나 뚜껑을 덮는다.

만드는 과정은 요리하는 시간의 순서대로 고친다. 시간이 오래 걸리는 밑간 등을 먼저 시작하고 그동안 재료를 다듬는 식으로 시간을 효율적으로 쓸 수 있게 정리해야 한다. 재료의 경우 큰 것부터 작은 것의 순으로 정렬하면 분량 가늠에 용이하다. 소스나 양념은 보기 좋게 묶는다. 소스에는 다양한 재료가 들어가고 숙성을 해야 하는 경우도 있어서 메인 재료와 겹치면 헷갈린다. 이런 기준으로 조리 순서를 정렬하고 재료와 분량을 정리한다.

저자가 원고를 작성하기 전에 이 기준으로 정리한 샘플 레시피나 책을 건네자. 여러 번 원고가 오가는 번

거로움을 줄일 수 있다.

요리책에서 가장 중요한 것은 결국 '맛'이다. 아무리 사진에 그럴듯하고 맛있게 보일지라도 레시피가 엉망이면 그 책은 실패한 것이나 다름없다.

체크리스트 9: 레시피 교정 기준(예시)

용량과 분량

정확한 분량이 필요한 경우 g(고체), ml(액체)로 표기

일일이 재기 힘든 재료는 개수로 표현

홈쿠킹의 경우 컵, 큰술, 작은술 단위로 표기

재료의 상태를 표현하는 말은 재료명 뒤에

– 고추 말린 것, 마늘 다진 것, 파르메산 간 것

재료의 색을 표현하는 말은 재료명 앞에

– 빨간 파프리카, 청고추, 그린 올리브

재료의 부위나 대체 재료, 재료 크기는 괄호로 묶어 재료명 뒤에

– 소고기(채끝살), 닭고기(가슴살), 토마토(또는 방울토마토), 국간장(또는 참치액), 감자(중), 고구마(소),

다시마(10×10cm) 1장

분량 표기 기준

사람 수대로 만든 경우 ○인분

한 그릇 분량의 경우 ○접시

과자나 케이크 등은 ○○cm 지름(크기) ○개

재료 정렬은 용량이 큰 것부터 작은 것 순으로 정렬

- 컵(200ml,g), 큰술(15ml,g), 작은술(5ml,g), 적당량,

약간(1.5ml,g 이하)

적당량과 약간의 구분

1/3작은술까지는 구분, 그 이하일 경우 약간으로 표기

적당량은 기호에 따라 넣거나 재료나 취향에 따라 가감이

가능한 경우

소스, 양념은 따로 묶기

- 레몬마요네즈소스: 마요네즈 2큰술, 레몬즙 1큰술,

플레인요구르트 1큰술, 파슬리 다진 것 1작은술, 소금 약간,

후추 약간

- 고추장양념장: 고추장 2큰술, 물엿 1/2큰술,

참기름 1/2큰술, 간장 1작은술, 깨 1작은술, 청양고추
다진 것 1/2작은술

요리 소스, 양념, 재료 명은 모두 붙여쓰기

- 바질치즈케이크, 토마토소스파스타, 돼지고기묵은지찜,
발사믹드레싱, 된장들깨소스, 코코넛크림, 토마토페이스트

외래어 표기법에 따라

- 로즈마리 → 로즈메리, 마스카포네 → 마스카르포네,
파마산 → 파르메산

각 재료에 알맞은 단위 표기

- 파 1대, 마늘 1톨, 디포리멸치 2마리, 다시마 1장, 후추 3알,
바게트 1조각, 소고기(스테이크용) 1덩이

표현은 간결하게

- 곁들여 낸다 → 곁들인다, 뒤집어 준다 → 뒤집는다
- ① 볼에 생크림을 붓고 설탕을 넣어 가며 3분간 휘핑하다
저속으로 낮춰서 다시 2분간 휘핑해서 단단한 크림을
만들고 ❷의 재료를 넣고 주걱으로 섞는다. → ① 볼에
생크림을 붓고 설탕을 넣어 가며 3분간 휘핑하다 저속으로

2분 더 휘핑한다. ② 단단해진 크림에 ❷의 재료를 넣고 주걱으로 가볍게 섞는다.

불필요한 명칭은 삭제

– 부라타차즈, 리코타차즈, 미소된장

다양하게 불리는 재료명은 통일해서 표기

– 와사비, 고추냉이, 겨자 → 고추냉이

흑임자, 검은깨, 검정깨 → 검은깨

홀토마토, 토마토홀, 통조림토마토, 토마토캔

   → 홀토마토 1캔(450g)

시나몬가루, 시나몬파우더 → 시나몬가루

레드와인비네거, 레드와인식초, 레드와인비네그레트

   → 레드와인식초

올리브오일, 올리브유, 엑스트라버진올리브유 → 올리브유

저자가 초고를 보내오면 점검하고 수정할 부분, 추가할 부분을 확인해서 피드백을 한다. 그 다음 수정 원고(1차 수정원고)가 오면 좀 더 세부적으로 점검하고 글을 수정·보완한다. 이 과정에서 생기는 의문 사항을 따로 정리해 보낸다. 이후 2차 수정 원고를 받으면 교정교열을 본격적으로 시작한다. 원고를 살피며 추가로 생기

는 의문점을 모아 문의한 뒤 수정을 거쳐 화면 교정을 마친다.

실용책 저자의 초고는 사실 완성도가 부족하다. 글쓰기를 전문적으로 해 본적 없는 경우가 대부분이고, 작가라기보다 각자의 분야에서 활동하는 전문가 또는 유명인이기에 자기가 가진 전문 지식이라도 글로 풀어내는 것이 쉽지 않을 것이다. 간혹 컴퓨터와 친하지 않거나 글쓰는 작업을 어려워하는 저자는 촬영장에서 자기가 불러 주는 정보를 모아 편집자가 원고를 작성해 주기를 바라는 경우도 있다.

교정교열을 할 때는 정확한 정보를 저자만의 언어로 전달할 수 있도록 매끄럽게 다듬는다. 정보나 모자란 원고량은 편집자가 보태야 하는 경우도 많다. 때문에 원고를 받으면 새로 쓰는 것이 낫겠다는 생각이 들어 절로 한숨이 나올 때도 있다. 직업적인 전문성과 헌신이 요구되는 지점이다. 가끔은 내 지식과 경험을 그러모아 붙이고 자르고 추가하는 이 지난한 여정을 쉬거나 중단하고 싶을 때도 있다. 하지만 힘든 여행에 추억이 많은 것처럼 어려운 숙제를 해내고 나면 성취감이 배가되기도 한다.

해외 도서 기획과 편집

외주 인력이나 제작 비용이 부담스러운 탓에 실용책 전문 출판사에서도 해외 도서를 많이 출간하고 있다. 그중 우리와 식문화가 비슷하며 폭넓은 아이템을 다루는 일본 요리책의 비중이 높은 편이다. 해외 도서는 국내에 없는 아이템, 분야, 콘셉트나 저자를 만날 수 있고 양질의 콘텐츠를 상대적으로 적은 노력과 비용을 들여 얻을 수 있다는 점에서 매력적이다. 그렇지만 막상 뚜껑을 열어 보면 어김없이 낯선 요리나 재료들이 심심치 않게 등장한다. 이럴 때는 번역가와 의논해 구입처 정보나 대체 재료를 표기하기도 한다.

실용책은 해외 도서의 경우도 표지와 본문 디자인, 심지어 콘텐츠를 변경하는 일이 잦다. 우리 출판 브랜드의 톤 앤 매너와 국내 트렌드에 맞게 디자인을 결정하고 이에 맞는 판형, 종이 등의 제작 사양을 결정한다. 그 과정에서 원서보다 나은 번역서가 탄생하기도 한다.

『인퓨즈드 워터』(조지나 데이비스 지음, 테이스트북스)의 경우 사진을 국내에서 촬영했냐는 말을 종종 듣는다. 우연찮게도 사진 톤이나 스타일링이 내가 이 책을 기획해 만들었다면 선택했을 느낌과 많이 닮아 있었다. 사진과

INTRODUCTION

We all know we should be drinking more water. At least two litres a day, the experts recommend. But how many of us can say, hand on hearts, that we have no trouble downing that every 24 hours?

Instead we're more likely to find ourselves lured by flavourful beverages containing alcohol, caffeine, sugars or sweeteners which, while making our tastebuds zing, can also make the rest of our bodies lag.

As anyone trying to beat the booze, curb the coffee or ditch the diet cola will know, boring, plain old water hardly makes a satisfying substitute for such tastier concoctions.

Or does it? This book aims to demonstrate that H_2O can be so much more. Adding fruits, herbs, vegetables and spices to a simple glass of cold or hot water does wonders to improve the taste, opening up a whole new world of flavours.

But that's not all. It also introduces a host of health benefits, from helping with digestion and metabolism and therefore aiding healthy weight management, to providing vital vitamins to nurture the immune system.

Hydration is key for maintaining every system in our body. It improves skin and hair health, keeping complexions clear and nourished, while also boosting brain power, preventing headaches and making it easier to think clearly.

The restorative, reviving and relaxing recipes you'll find in these pages aim to make staying well-hydrated simple and tasty. Quick and easy, and using an exciting range of herbs, fruits, vegetables and spices, they add a flavourful, healthy and original spark to the humble glass of water.

A FEW TIPS TO GET YOU STARTED

INGREDIENTS

• When possible, buy good quality produce.

• Ensure all fruit, vegetables and herbs are washed before use.

• Use unwaxed citrus fruit. (Unwaxed lemons are widely available from supermarkets. Unfortunately, we can probably assume that all other citrus fruits do have a wax coating. To easily remove the wax, place the fruit in a colander set over the sink and carefully pour over very hot water. Gently scrub the peel with a stiff brush then rinse the fruit in cold water and dry.)

• Use fresh herbs, unless otherwise stated.

• All fruit and vegetables should be left unpeeled, unless otherwise stated.

• Leave fruit such as apples and pears uncored, unless otherwise stated.

• Always grind spices from fresh, unless otherwise stated.

• Use filtered water when possible.

• Feel free to experiment; try using sparkling water instead of still. Or serve cold infusions over ice.

QUANTITIES

• All water quantities are measured in US cups. For a metric conversion use one US cup = 250ml.

• All cold infusion recipes make five cups or a 1.25-litre jugful. All hot infusion recipes make two cups or 500ml – enough to fill a small teapot.

• In all cases this should be sufficient to serve two to three people, unless otherwise stated.

• To make a generous portion for one person, or enough to fill a regular-sized water bottle, halve the ingredients of the cold infusions.

• The instructions given explain how to create infusions in a large vessel, but feel free to make them in individual glasses or mugs, if you like.

• Most cold recipes need to infuse for at least two hours. If making in a water bottle to take to work or the gym, make your chosen drink the night before and leave to infuse overnight. You can, of course, serve infusions straight away if you like, but the flavours will be less intense.

『Infused Waters』(Quadrille Publishing) 본문

국내에서 출간된 『인퓨즈드 워터』(테이스트북스) 본문

원서 『Infused Waters』의 도입부와 정보 부분 4쪽을 번역서 『인퓨즈드 워터』에서는
정보 파트를 추가하고 사진 배열을 달리해 8쪽으로 구성했다.

재료
Ingredients

- 가능하면 좋은 품질의 재료를 구입한다.
- 모든 과일과 채소, 허브는 사용하기 전에 깨끗하게 세척한다.
- 모든 과일과 채소는 껍질째 사용한다.
- 시럽에 벌 꿀의 과립스-실라 색깔을 제거하지 않는다.
- 신선하고 무르지 않은 제철 제품을 선택한다.
- 모든 허브는 신선한 것을 사용한다.
- 향신료는 신선한 것을 빻아서 갈아 사용한다.
- 가능하면 정수된 물을 사용한다.
- 설탕 양은 자유롭게 맞춘다.
- 탄산수를 넣은 인퓨즈드 워터나 차가운 인퓨즈드 워터인 것들을 넣어 마셔보자.

계량
Quantities

- 모든 계량 재료 1컵은 250ml 기준이다.
- 차가운 인퓨즈드 워터 레시피는 5컵 또는 1.2L 분량이다.
- 뜨거운 인퓨즈드 워터 레시피는 2컵 또는 500ml 분량이다.
- 이 책에서는 큰 피처나 그릇 이용을 권하며 만들어도 좋다.

내용을 모두 꼼꼼히 검토해 원서에서 조금 불친절한 부분은 이해하기 쉽게 재구성하고 원서의 디자인 작업 시 누락된 사진을 활용해 화보를 만들어 추가했다.

　해외 도서를 편집하며 원서를 옮겨오는 것에 그치지 않고 우리 스타일로 소화해 업그레이드하는, 편집자의 새로운 시각이 더 많아졌으면 좋겠다.

사진은 원고의 일부

촬영이 끝나면 최종 컷 선택 작업을 시작해야 한다. 사진가가 보내온 여러 장의 저해상 파일을 검토하고 A컷을 선택해 고해상으로 작업된 파일을 전달받는다. 이 최종 데이터가 도착하면 각각의 사진이 원하던 톤으로 나왔는지 점검하고 사진 톤이 전체적으로 고른지도 살펴봐야 한다. 거슬리는 부분이 있지는 않은지 확인하고 간혹 누락된 컷이 있을 수 있으므로 원고와 함께 비교·대조하며 빠진 컷이 있다면 요청해 추가 작업본을 받는다. 모조지●에 인쇄할 경우 CMYK●● 중 K가 도드라지며 톤이 어두워지는 경우가 많으므로 이를 고려해 한톤 밝은

● 질이 강하고 질기며 윤택이 나는 서양식 종이. 주로 인쇄지로 쓴다.
●● 파랑(Cyan), 자주(Magenta), 노랑(Yellow), 검정(blacK)의 약자로 인쇄용 모드의 색상을 가리킨다. 잉크를 혼합하는 방식으로 거의 모든 색상을 표현할 수 있는 색 구성이다.

작업본을 받는 것도 좋다.

파일은 누구에게 전달해도 찾기 쉽게 분류하고 파일명을 요리 이름 등으로 변환해 정리한다. 요리 하나당 많게는 스무 컷 내외의 사진이 따라붙고, 각 파트가 10~30여 개의 요리로 구성되므로 처음에 제대로 정리해 놓지 않으면 쉽게 찾기 힘들다. 파트별로 폴더를 구분해 저장하고 과정 컷과 완성 컷을 모아서 사진 명을 바꾸는 작업은 시간이 걸리는 단순 노동이라 피하고 싶지만 이렇게 해야 디자이너가 작업하기 수월하다. 또한 출간 후 자료 요청을 받았을 때 빠르게 찾아서 전달할 수 있다.

{ 8 }

디자인: 쇼핑하듯 책을 고르는 시대

전자책, 인터넷, SNS, 유튜브…… 무료 콘텐츠가 넘쳐 나는 시대다. 이제 사람들은 "오늘 뭐 해 먹을까"를 고민하며 포털사이트나 유튜브에서 레시피를 검색한다. 책을 사지 않는 이유는 점점 더 늘어 간다. 집이 좁아서, 짐을 늘리고 싶지 않아서, 인테리어에 방해가 돼서, 돈을 아껴야 해서……

　그렇다면 요리책은 누가, 왜 사는가? 그리고 내가 만든 책을 사게 하려면 어떻게 해야 할까? 이 질문의 답은 앞서 말했던 '좋은 기획의 기준'과 맥락이 같을 것이다. 그런데 여기에 더해 사람들이 지갑을 여는 데는 또 한 가지 이유가 있다.

만듦새가 좋고 예뻐 소장하고 싶은 책

이런 책은 굳이 필요하지 않아도 갖고 싶다. 원피스를 사고 백을 고르듯 책도 그렇다. 표지 일러스트나 사진, 컬러가 마음에 들어서, 종이나 판형이 취향에 맞아서 책을 사기도 한다. 몇 년 전 SNS, 카페에서 소품으로 종종 등장하던 『킨포크』가 대표적인 예다. 최근에는 테이스트북스의 『쿠킹앳홈』 시리즈가 다양한 공간에서 소품으로 쓰이는 것을 본다. 분야를 떠나서 매력적인 책은 사람들의 일상에 자연스럽게 녹아 있다.

꼭 소품이 아니라도 시선을 한눈에 사로잡는 책은 디자인이 매력적인 책이다. 그렇기에 디자인의 중요성은 아무리 강조해도 모자라지 않다.

요리책의 디자인은 생각보다 까다롭다. 레시피의 가독성이 좋아야 하며 사진의 존재감이 부각되어야 한다. 판형은 콘셉트와 잘 맞아야 하며, 종이 또한 요리 스타일을 잘 드러내야 한다.(안타깝게도 우리나라에는 종이나 후가공의 제약이 많다. 다양성 측면에서 매우 아쉽다.)

요리책은 인쇄비나 지대 등 제작비가 높은 편이다. 그래서 최대한 종이 낭비를 하지 않는 선에서 매력적인 판형을 고민한다. 커버와 띠지, 면지는 최소화한다. 표지와 본문으로도 충분히 매력적인 디자인을 보여 줄 수 있다. 가끔 띠지와 커버, 표지, 면지 등으로 겹겹이 쌓인 책을 보면 과하게 치장한 사람처럼, 포장으로 부실한 본질을 감추려는 것만 같다.

본문 디자인: 트렌드 반영하기

편집디자인 방향을 정리한 자료(촬영 준비 꼭지에서 언급한 '디자인 시안')를 가지고 디자이너와 회의를 한다. 본문 폰트의 종류와 크기, 사진 배치, 여백, 장식 요소, 사용할 색상 등 다양한 사항에 대해 의견을 주고받고 톤앤 매너에 대해 협의한다. 장 표제지와 본문 내 화보를 어떤 방향으로 디자인할지에 대해서도 세부적으로 의견을 나눈다.

그런데도 막상 조판을 하고 나면 결과물이 생각과 다른 경우가 생긴다. 그래서 디자인 시안은 가급적 두 가지 이상 받을 것을 권한다. 간혹 시안 작업에 인색한 디자이너가 있다. 끝까지 한 가지 시안만을 고집하는 경우라면 원하는 스타일이 나올 때까지 수정을 거듭해야 하기에 작업 시간이 오히려 늘 수도 있다.

판형이나 종이도 유행을 타고 폰트나 컬러에도 트렌드가 있다. 예전에 나온 책을 지금 보면 촌스러워 보이는 것은 어쩔 수 없다. 핏이 조금만 달라져도 옷을 입기 힘든 것처럼, 시즌이 지나면 책 역시 촌스럽게 느껴진다. 그러므로 항상 트렌드를 체크해서 반영하되 모던함도 유지해야 한다. 그런 스타일은 시간이 지나도 거리감이 크게 느껴지지 않는다.

표지 디자인: 소재와 주제 부각시키기

표지 작업은 본문 디자인이 어느 정도 마무리되고 난 다음에 시작한다. 실용책 표지에는 주제가 명확하게 드러나야 한다. 요리책은 본문 사진 촬영 과정에서 표지의 디자인 요소가 미리 준비되는 경우가 대부분이기에 이를 활용해 디자인을 하게 된다.

먼저 앞표지의 디자인을 확정한 후 뒤표지까지 한꺼번에 작업하는데, 뒤표지의 디자인이 앞표지만큼이나 고민되는 경우가 종종 있다. 뒤표지는 앞표지에 다 담지 못한 부분을 설명하기에 효과적이며, 이미지로 책의 의도를 전하는 데도 적합하다.

표지 작업을 하면서는 저자뿐 아니라 마케터와 의

책의 콘셉트를 바로 이해할 수 있도록 직관적인 메뉴 사진이나 이미지를
보여 주는 시안(위)과 카피나 이미지 컷을 이용해 설명적으로 접근하는 시안(아래)
두 가지를 작업했다. 위의 시안으로 최종 결정됐다.

견을 주고받는 과정도 중요한데 이들 사이의 의견이 좀처럼 좁혀지지 않는 경우가 있다. 이때는 핵심 독자군에 속하는 주변 사람들에게 조언을 구한다. 같은 분야 일을 하는 사람보다 전혀 다른 직업군에 종사하는 사람들의 의견을 귀 기울여 듣는다. 대중은 생각보다 더 대중적이고 무난한 시각을 갖고 있다.

표지는 얼굴이다. 잡지는 자유롭고 세련됐으며 신문은 직설적이고 책은 고상하다. 클래식과 트렌드, 명확함과 감수성 사이에서 줄다리기를 하며 밀고 당겨서 그 중간의 아슬아슬함을 유지해야 한다. 내가 만든 책이 몇 달 후, 몇 년 후 버려지는 것은 아무도 원치 않는다.

A

B

C

A 시안이 최종 표지로 선택됐다. 제목과 사진의 조합이 모두 다르도록 시안을 작업했다.

A

B

C

'집에서 즐기는 치즈'라는 제목과 어울리는 사진, 컬러를 적용한 C 시안이
최종 표지로 선택됐다.

제목 확정

실용책의 제목은 타 분야에 비해 직관적이어야 하며 검색에 잘 걸리는 키워드를 품고 있어야 한다. 독창적인 것, 감성적인 것도 좋지만 보다 단순하고 명확해야 노출이 잘 된다. 보통 가제를 잡은 채로 작업을 진행하고 일이 거의 마무리될 때쯤 제목을 확정하는 편이다. 제목을 정할 때는 다음 사항을 한번 더 체크한다.

체크리스트 10: 좋은 제목

- ⊘ 책의 본질을 잘 담고 있는가
- ⊘ 검색에 잘 걸릴 수 있는가
- ⊘ 같은 제목의 책이 있는가
- ⊘ 주제와 콘셉트가 명확히 반영됐는가
- ⊘ 어려운 단어, 헷갈리는 단어, 반복되는 단어가 있지는 않은가
- ⊘ 부제는 꼭 필요한가
- ⊘ 책의 콘셉트, 사진과 느낌이 일치하는가

물론 감성적인 제목이 좋을 때도 있다. 그런데 요리

책은 여러 번 경험해 보니 주제를 직관적으로 알 수 있는 제목을 붙였을 때 판매가 잘 됐다. 제목만 봐도 어떤 게 담겨 있는지 바로 파악할 수 있는 책들 말이다. 『고베 밥상』, 『맛있는 교토 가정식』, 『매일 한끼 비건 집밥』, 『하루하루, 홈카페』, 『토스트』, 『파스타』, 『샐러드』 등이 그런 예다.

제목이 명확하지 않거나 낯설지만 반드시 사용해야 하는 핵심 키워드가 있는 경우, 번역서의 경우에는 부제로 설명을 덧붙이는 것이 도움이 된다.

[예]

『먹는 단식 FMD』 — 아프지 않고 오래 사는 식사 혁명

『케토채식』 — 우리 몸에 완벽한 식사

『인퓨즈드 워터』 — 과일, 채소, 허브로 만드는 에너지 음료 50

〔 9 〕
최종 교정과 마감:
끝없는 수정 그리고 타협의 유혹

실용책은 보통 3교를 기본으로 본다. 3교 수정 후에는 컬러나 사진, 레이아웃 등을 점검하기 위해 가제본을 만들어 한 번 더 교정을 본다. 가제본 검토와 수정을 거친 후에 PDF 파일로도 또 한 번 살펴본다. 여러 사람이 여러 번 봐도 수정할 부분이 끊임없이 나온다.

실용책을 교정교열할 때는 원고를 매끄럽게 손질하는 것 외에도 재료나 제품명의 정확성, 구입 가능 유무, 식재료 가게와 레스토랑 등 관련 업체의 장소 정보와 전화번호, 영업시간 등이 정확한지도 재차 확인해서 수정해야 한다. 이 작업에 은근히 시간이 많이 드는데 자칫 놓치기 쉬운 부분이므로 주의한다.

사진과 정보로 점철된 책이라 사진이 앉혀진 상태에서 글과 사진을 비교하며 살펴봐야 하므로 화면상에서는 완벽하게 교정교열하기 힘들다. 또한 시안대로 조판했어도 꼭지마다 구성이 조금씩 달라 모든 페이지에 같은 포맷을 적용할 수가 없다. 페이지마다 디자인 규칙을 조금씩 다르게 적용하는 과정에서 레이아웃에 많은 변화가 일어나기에 1교, 2교에서는 사진 크기 및 여백 조정, 글 위치 이동 등 레이아웃 수정 또한 많다.

체크리스트 11: 최종 교정 단계에서 확인할 것

디자인

- 면주, 접지 부분의 여백, 좌우수 여백이 같은 기준으로 적용됐는지
- 제목, 전문(리드글), 본문 등에 각기 정해진 폰트가 적용됐으며, 정확한 위치에 알맞은 크기로 배열됐는지
- 같은 내용을 담은 글과 사진이 같은 위치에 있으며(내용상 알맞은 위치에 함께 배열되었으며) 누락된 부분은 없는지
- 배경색이나 색자는 같은 톤으로 적용됐는지, 인쇄 시 문제가 없을지

사진 및 시각 요소

- ⊘ 저해상 파일이 적용되지는 않았는지, 화질에 문제는 없는지
- ⊘ 누끼, 선, 박스 처리 등이 깔끔하게 됐는지
- ⊘ 색감이 전체적으로 어긋난(혼자만 튀거나 다른) 컷은 없는지
- ⊘ 사진의 재단(크롭) 상태는 적절한지
- ⊘ 접지에 사진이 가려지지는 않는지

원고

- ⊘ 원고와 사진이 일치하는지
- ⊘ 교정교열 원칙에 어긋나는 단어나 문장은 없는지
- ⊘ 누락된 원고나 넘치는 원고는 없는지
- ⊘ 가게나 제품 소개 등의 경우 정보가 정확한지
- ⊘ 차례, 본문, 인용에 쓴 쪽수가 서로 일치하는지
- ⊘ 표지, 커버, 본문에 ISBN, 출간일, 정가 등이 제대로 표기됐는지

노동의 밀도와 강도가 높은 지루한 단계다. 가끔은 타협하고 싶은 유혹의 순간도 찾아온다. 하지만 '딱 본 만큼 완벽해진다'는 것을 알고 있으니 쉽사리 내려놓을 수가 없다. 끝없는 수정의 연속이지만 포기하지 않고 초

심을 잃지 않으려고 거듭 마음을 다잡는 시기다.

　영화『악마는 프라다를 입는다』에서 편집장 미란다는 밤마다 어시스턴트 앤디에게『런웨이』가제본을 받아 포스트잇에 빼곡히 수정 사항을 적어 넘긴다. 나역시 더 완벽한 상태를 바라며 가제본을 살피고 수정할 부분을 꼼꼼히 체크한다. 가끔 비용 절감을 위해 가제본을 만들지 않는 편집자도 있는데, 실용책에서는 반드시 필요한 단계라고 생각한다.

제작 사양

디자인 작업이 어느 정도 마무리되면 제작비를 산출하고 그에 맞는 정가를 산정한다. 이 부분은 각 회사마다 정해진 시스템을 따를 것이므로 생략한다.

　요리책은 제작비가 타 분야에 비해 높은 편이다. 올컬러 인쇄, 두께감 있는 종이 사용 등으로 고정비가 높으며 여기에 외주 인건비도 추가된다. 때문에 저자의 인세 비율이 타 분야와 다소 다르다. 이 부분은 처음 계약 단계에서 충분히 설명하고 적절히 협의해야 한다.

인쇄 감리

실용책이 다른 분야와 다른 점이 또 있다. 반드시 편집자가 꼼꼼히 인쇄 감리를 봐야 한다는 것이다. 미리 출력한 가제본이 기준점이 되지만 같은 종이를 사용하더라도 인쇄 방식에 따라 톤이 많이 달라진다. 모니터에서 본 컬러, 가제본에 출력된 컬러, 사진가에게 받은 최종 작업물의 컬러를 참고해 최선의 톤으로 뽑아낼 수 있도록 조정한다. 가제본은 확인용이라 아주 정확한 컬러가 구현되지는 않는다. 사진가, 디자이너가 작업한 파일을 컴퓨터 모니터나 태블릿 PC, 스마트폰으로 보는 것이 그나마 실제 컬러와 가장 가깝다.

가끔 인쇄 단계에서 퀄리티 높은 사진이 전혀 그렇지 않은 다른 톤으로 바뀌어 노력한 보람도 없이 처참한 결과물을 받게 되는 경우도 생긴다. 인쇄소, 담당 기장, 종이 상태 등 여러 가지 변수가 있으므로 반드시 편집자가 하나하나 점검해야 한다.

잡지 에디터로 일하던 시절에는 인쇄 시작부터 끝까지, 모든 페이지의 감리를 봤다. 단행본 제작에서는 현실적으로 어려운 일이다. 그렇더라도 파트가 변경되거나 배경색이 달라지는 부분 등은 반드시 확인해야 불

미스러운 결과를 피할 수 있다.

보도자료 작성

드디어 보도자료를 작성할 단계다. 실용책 보도자료는 어떻게 다를까?

쓸데없는 인용과 구구절절한 설명 대신 책 속, 책 내용을 시각적으로 볼 수 있게 정리하는 것이 가장 효과적이다. 온라인서점에는 책 소개글과 미리보기 페이지 파일을 따로 보내지만, 그 외 보도자료는 본문 이미지를 삽입해 PDF 파일로 만드는 편이 좋다.

보통은 부가적으로 전달하는 미리보기 이미지나 영상 파일은 실용책에서는 꼭 필요한 요소다. (이 단계까지도 실용책은 손이 많이 간다!) 미리보기 이미지는 책 내용을 위트 있게 요약한 형태로 만드는 경우도 있고 책 분위기나 방향성이 느껴지게 만들기도 한다. 어떤 쪽이든 책에 더 맞는 스타일을 선택해 작업하면 된다. 동영상 플랫폼에 업로드한 자료가 있다면 이 또한 함께 볼 수 있도록 등록하는 것이 유리하다.

홍보와 마케팅: 라이프스타일에 스미다

기나긴 여정이 드디어 끝나간다. 이제는 판매라는 버거운 단계만이 남았다. 나를 포함한 많은 편집자들은 이 역할을 부담스럽게 느끼는 경우가 많다. 하지만 이렇게 공들여 만들었는데 사라지게 둘 순 없지 않은가. 내가 만든 책이 나오자마자 서가에 제대로 진열되지도 못한 채 사라지기를 바라는 편집자는 없을 것이다.

수없이 많은 책은 물론 각종 무료 콘텐츠와 경쟁해야 하는 시대이므로, 실용책 마케팅에는 변화가 필요하다. 출판사마다, 브랜드마다 다른 전략을 갖고 있을 테고, 각자의 방법으로 풀어 가야 한다. 콘텐츠의 내용을 꽁꽁 숨기거나 보여 주지 않기보다 많이 오픈해서 더 많은 사람이 볼 수 있게 해야 오히려 판매가 되는 시대다. 그렇다고 책 내용을 직설적으로 전하는 것이 좋은 방법일까? 실용책은 책이지만 홍보 방식은 다른 분야 책들과 조금 달라야 한다.

힘들게 개발한 제품을 많은 사람들이 소비하고 활용하게 해야 한다. 테이스트북스는 독자의 라이프스타일 속에 은근히 스미는 방식을 택했다. 모든 책의 영상 콘텐츠를 제작하는 것 역시 이 때문이다. 책에서 다룬 메뉴를 소개하는 요리 영상, 저자와 편집자가 함께 하는 쿠킹클래스 등 다채로운 영상을 통해 책 속 콘텐츠를 보여 준다. 책 속 메뉴를 먹어 볼 수 있는 팝업 레스토랑, 커피 브랜드와의 콜라보를 통해 일정 기간 동안 맛보게 하는 이벤트를 기획하기도 한다. 시크릿 쿠킹클래스 등을 통해 검색만으로는 쉽게 얻을 수 없는 저자의 노하우를 공유한다. 책 속 레시피나 정보를 제품과 공간에 적용하거나 온라인으로 체험할 수 있게 하는 등 유무형의 콘텐츠를 아우르고 조합한다.

실용책은 라이프스타일이다. 우리는 출근하며 스타벅스에서 커피를 테이크아웃하고 올리브영에서 간단한 생필품을 산다. 쉑쉑버거에서 점심을 먹고 아이팟 프로로 음악을 들으며 퇴근을 하고 29CM에서 가구를

쇼핑한다. 퇴근해서 마켓컬리에서 아침에 배달되어 온 재료로 테이스트북스 요리책을 참고해 저녁을 만들어 먹고는 아이패드로 넷플릭스와 유튜브를 보며 잠자리에 든다. 주말에는 테이스트북스에서 여는 쿠킹클래스에 참여하고 채소를 사기 위해 마르쉐 장터에 간다.

이런 라이프스타일 속에 어우러지는 책을 만들고 그 안에 자연스럽게 스밀 수 있는 마케팅을 지향한다. 그동안 취향을 경험하게 하고 라이프스타일을 제안하는 책과 출판사라는 스토리텔링을 해 왔으며 앞으로도 다채로운 협업과 이벤트를 통해 브랜딩을 지속해 나갈 예정이다.

독자와의 만남: 책을 '경험'하게 하는 일

선명하지 않은 것을 구체화하고, 체험할 수 있게 하며, 일상화하는 것이 홍보와 마케팅의 중요한 요소라고 믿는다.

오프라인 행사가 결정되면 준비 단계부터 세심하게 점검하는 편이다. 책과 이질감 없는 공간이 구현됐는지, 행사 안내는 적절한지, 시식할 음식의 양은 넉넉한지, 요리와 함께 낼 음료나 주류는 충분한지, 이벤트로

『거제 가정식』 출간 기념으로
열었던 푸드 페스티벌 '맛있는
거제' 홍보 포스터.
책 속 화보를 일러스트로
표현했다. 테이스트북스
저자들과 푸드·라이프스타일
브랜드가 함께 거제를 찾아
행사를 꾸렸다.

카페 '페이브'와의 협업으로
한 달간 『하루하루, 홈카페』
책 속 메뉴를 맛볼 수 있는
팝업 카페를 열었다.

『파스타』와 『집에서 즐기는 치즈』 출간 후 열었던 팝업 레스토랑. 단 하루 동안 책 속의
메뉴를 맛볼 수 있는 행사를 기획했다.

증정할 선물의 종류나 가짓수는 적당한지, 돌아갈 때 모든 참가자들이 가져갈 기념품은 준비됐는지, 책 홍보용 제작물(특별 제작한 그날의 리플릿이나 팝업 레스토랑의 메뉴판 등)의 상태는 소장하고 싶은 수준인지…….

행사는 책 속 한 장면을 책 밖 공간으로 데려와 구현하는 것이다. 참여한 독자들에게 책으로만 봤던 라이프스타일을 경험하면서 책과 브랜드를 체험할 기회를 주는 것이기에 어색함과 이질감 없이 어우러질 수 있도록 다각도로 준비하고 노력한다.

하지만 아쉬운 것은 대부분의 사람들에게 실용책은 아직도 실용적이지 않다는 것이다. 테이스트북스 론칭 후 1~2년간 진행한 몇 차례의 행사는 내게 사람들이 책을 어떤 시선으로 바라보는지 깨닫게 해 준 계기가 되기도 했다. 책 속 메뉴 시식이나 책 관련 강연에는 돈을 지불하지만, 이런 유료 행사에 참여하더라도 책은 사고 싶지 않다, 두세 명이 행사에 함께 온 경우 책은 함께 볼 한 권이면 충분하다고 생각하는 것. 아직 갈 길이 멀다.

다양한 클래스와 행사를 열었지만 그중 라이프스타일 출판 브랜드의 색깔을 명확히 드러낸 것은 다음과 같은 것이었다. 『파스타』와 『집에서 즐기는 치즈』 팝업 레스토랑, 『거제 가정식』 출간 기념 거제 푸드 페스티

벌, 『하루하루, 홈카페』 팝업 카페 그리고 현재 준비 중인 푸드 사진전 '쿠킹앳홈'까지.

2020년에는 코로나19로 독자들을 가까이에서 만나지 못했다. 이를 해소하기 위해 온라인 쿠킹 클래스도 시작했다(네이버TV '테이스트북스'). 저자에게 직접 토스트, 파스타, 샐러드 수업을 받고 함께 먹어 보는 경험 대신 집에서 영상을 통해 쿠킹 클래스에 참여할 수 있게 전환한 것이다.

이 모든 것이 요리책을 매개로 한 것이다. 콘텐츠를 영상으로, 수업으로, 굿즈로, 레스토랑으로, 공간으로…… 다각도로 확장해서 펼치고 독자들이 다가오게 해서 문화로 인식하며 내 라이프스타일로 소화하는 것. 이렇게 책을 경험할 수 있게 하는 것까지가 이 모든 콘텐츠를 기획한 내 역할이라고 생각한다. 책을 매개로 다채로운 경험을 할 수 있다는 것을 보여 주고 싶어서 천천히 그리고 꾸준히 지속하는 중이다.

최근에는 테이스트북스 로고로 제작한 굿즈를 일상에서 늘 사용한다. 유명 브랜드의 에코백이나 굿즈가 인기인 것처럼 출판사의 에코백이 시크하고 힙한 시대를 꿈꾸는 것은 나만의 바람인 것일까?

앞으로의 요리책과 요리책 편집자

이 책은 당신 겁니다. 난 당신의 글이 대중에게 잘 전달되도록 도울 뿐이죠. 내가 할 일은 좋은 책을 독자들에게 건네는 것뿐입니다.

―영화 『지니어스』 중 맥스 퍼킨스의 말

요리책 편집자는 어떤 일을 하는 사람일까?

편집자는 독자와 저자 사이에서 균형을 잡으며 목소리를 낸다. 그 목소리에 힘이 실리려면 편집자의 일에 대한 이해와 존중이 선행돼야 할 것이다. 요리나 식문화가 모두의 화두가 된 지 오래지만 그럼에도 불구하고 한국에는 실용책 전문 편집자가 흔치 않고 전문성에 대한 사람들의 이해도도 낮다. 여전히 실용책과 요리책을 변방의 분야로 여기는 시선도 존재한다.

어려운 여건에도 불구하고 이 일을 하고 싶은 편집자가 있다면 이렇게 말하고 싶다. 단순히 책을 좋아하는 사람 그 이상이어야 한다고. 보다 직접적이며 적극적인 역할이 수반되기에 전통적인 출판사 업무를 생각하고 입사한 편집자는 적응이 쉽지 않을 거라고. 그러나 안타깝게도 이런 이야기를 나서서 해 줄, 실용책 편집자를 양성하는 기관이나 커리큘럼은 찾아보기 힘들다. 잡지 에디터에게는 어시스턴트 기간이나 프리랜서 기간을 거치면서 현장에서 선배들의 진행 능력을 배울 기회가 있다. 하지만 출판사에는 이런 제도조차 없어서 배울 기회가 전무하다. 그래서 기본기 탄탄한 편집자 찾기가 힘든 상황과 기본이 부족한 채 책이 출판되는 상황의 악순환이 계속되는지도 모른다.

유능한 요리책 편집자가 되려면 어떻게 해야 할까? 무엇보다 많이 읽고 봐야 한다. 나는 열렬한 요리책 독자다. 셰프나 푸드 스타일리스트보다도 어쩌면 더 많은 책을 보고 수집한다. 또한 관련 콘텐츠 공부가 필수다. 치즈에 관한 책을 준비한다고 하자. 치즈에 대해서 알지 못하면 전체적인 방향은 물론 세부 기획에도 어려움을

겪게 된다. 치즈 요리를 파는 레스토랑에도 가 보고 새롭게 출시된 시판 제품이 있는지, 치즈숍에서는 어떤 치즈가 인기인지, 사람들은 주로 어떤 치즈 요리를 만들어 먹는지, 국내외에는 어떤 책이 나와 있는지, SNS에는 어떤 치즈 피드가 자주 보이는지, 치즈 관련 도구나 상품은 어떤 것이 있는지 등을 파악해야 한다.

적절한 보상이나 대가없이 이렇게 많은 역할과 책임감이 요구되는 실용책 편집자로 일하는 이유는 무엇인가? 편집자의 일에 대해 맥스 퍼킨스와 나의 생각은 같으면서도 다르다. 좋은 책을 건네고자 하는 건 같지만 어느 하나 내 손닿지 않은 곳 없이 만든 책이 온전히 저자의 것이라고 할 수 있을까?

요리책을 만든다는 것은 많은 의미를 지닌다. 먼저 요리책은 문화를 리드lead한다. 책이 나오면 관련 제품이 개발되고 카페나 레스토랑에서 참고하기 시작하며 이슈가 되는 경우가 그간 꽤 있었다. 새로운 유행의 시작점이 되고, 오랫동안 유용한 자료로도 쓰인다. 또한 요리책은 사회·문화적으로 중요한 사료다. 지금 우리 사회에서 사람들이 가장 궁금해하고 관심 있어 하는 식문화를 반영하기 때문이다. 새롭고도 가치 있는 라이프스타일을 전하는 것과 다름없다. 마지막으로 나에게 가장 큰 의미는 무엇보다 내가 좋아하는 일이라는 것이다.

"이렇게 책이 만들어지는 줄 몰랐습니다. 존경심을 갖게 됐습니다."

얼마 전 함께 작업한 저자가 촬영 후 건넨 말이다. 요리책 편집자가 이런 일을 하는 사람이라는 것을 알게 해 줬다는 생각에 내심 기분이 좋았다. 우리가 하는 일을 더 많은 사람들이 알게 됐으면 좋겠다. 더 욕심을 낸다면, 편집자도 사진가, 스타일리스트, 디자이너와 같이 합리적인 대우를 받으며 일할 수 있는 날이 빠른 시일 내에 오기를 바란다.

이제 들어가는 글에서 던졌던 질문들에 대한 답을 하기로 한다. 앞으로의 요리책이 설 자리는 어디쯤일까? 과연 요리책이 필요할까?

지금은 영상 플랫폼에서 레시피를 찾는 시대다. 셰프의 화려한 음식에서 시작된 유행이 건강한 음식, 홈쿠킹으로 점차 옮겨 가고 있다. 코로나19 이후 비대면의 시대로 접어들면서 집밥, 밀키트●, 건강식 등이 인기를 얻고 있으며 하룻밤 사이 '새벽배송'되는 신선한 식재료로 요리하는 사람들이 늘고 있다. '유튜브'로 모든 검

● Meal(식사)과 Kit(키트,세트)를 조합해 만든 단어로 쿠킹박스, 레시피 박스라고도 불린다. 손질된 식재료와 조합된 소스를 이용해 쉽고 빠르게 조리할 수 있게 구성된 상품.

색을 하고 '틱톡'으로 시간을 보내는 10대는 곧 출판 시장의 주 독자층으로 자리 잡을 것이다. 주제와 콘셉트는 더 다양해질 것이며 재미있고 트렌디한 것, 건강하고 더 실용적인 정보가 살아남게 될 것이다.

어쩌면 요리책은 전환점을 맞았다고 볼 수도 있겠다. 요리의 본질을 보여 주는 데 있어 책을 뛰어넘을 수 있는 매체는 없다. 영상보다 깊이 있으며, 독자 스스로 원하는 부분만 '편집'해 볼 수 있으니 시간 면에서 효율성이 높고 가성비까지 좋다. 곁에 놓고 보고 또 보면서 스스로 실력을 쌓을 수 있도록 도와주는 훌륭한 선생이기도 하다. 먹어 보지 못한 것을 경험하게 하고 그 경험을 위해 행동하게 한다. 요리책이 독자들에게 보여 주는 세계는 무궁무진하다. 그리고 누군가는 이 일을 지속해야 한다.

2014년 가을, 나는 운 좋게도 뉴욕 양키스 구장에 앉아 있었다. 경기 내내 함성과 환호가 끊이지 않던 그날은 메이저리그 최고의 아이콘이라 불리는 데릭 지터가 20년간의 선수 생활을 마치고 은퇴하며 마지막으로 홈경기를 뛰는 날이었다. 그는 선수 생활의 마지막이자, 경기의 마지막 타석을 놀랍게도 끝내기 2루타로 장식

했고, 양키스는 볼티모어에게 6 대 5로 승리했다. 경기가 끝난 뒤 그라운드에서 데릭 지터는 모자를 벗어 들었다. 그 찰나 깊은 곳에서부터 뭉클한 어떤 감정이 밀려왔다.

믿기지 않지만 에디터로 일을 시작한 지 20년이 지났다. 그날의 지터처럼 나 또한 촬영장에서의 마지막을 꿈꾼다. 스태프들에 둘러싸여 마지막 컷을 마무리하는 순간 박수를 받으며 편집자로서의 일을 끝낼 수 있다면 좋겠다. 그리고 그 속에 편집자 후배가 함께 있다면 더할 나위 없이 반가울 것이다.

실용책 만드는 법
: 새로운 경험을 제안하는 콘텐츠를 맛있게 요리하기 위하여

2020년 12월 14일   초판 1쇄 발행

지은이
김옥현

펴낸이	**펴낸곳**	**등록**
조성웅	도서출판 유유	제406-2010-000032호(2010년 4월 2일)

주소
경기도 파주시 책향기로 337, 301-704 (우편번호 10884)

전화	**팩스**	**홈페이지**	**전자우편**
031-957-6869	0303-3444-4645	uupress.co.kr	uupress@gmail.com

	페이스북	**트위터**	**인스타그램**
	facebook.com /uupress	twitter.com /uu_press	instagram.com /uupress

편집	**디자인**	**마케팅**
사공영	이기준	송세영

제작	**인쇄**	**제책**	**물류**
제이오	(주)민언프린텍	(주)정문바인텍	책과일터

ISBN 979-11-89683-75-7 04080
     979-11-85152-36-3 (세트)

이 도서의 국립중앙도서관 출판예정도서목록(CIP)은 서지정보유통지원시스템
홈페이지(seoji.nl.go.kr)와 국가자료공동목록시스템(nl.go.kr/kolisnet)에서
이용하실 수 있습니다.(CIP제어번호: CIP2020048077)

텀블벅 후원자 명단

후원해 주신 모든 분께 감사드립니다.

1106 22 5566 87**** ㄱㅅㅂ 강동화 강민성 강학관곰슬이 검준형 경기II굴짱 경이 고요한 고정용 곰곰출판 공상 구주연 구혜경 군산 권경자 규규 규리 그남자 그날의나 그늘 글나무 기린기린기린아 김가영 김경동 김규민 김규태 김근성 김나정 김남우 김대욱 김대희 김동국 김성경 김소희 김수현 김슬기 김시연 김아름 김양갱 김영수 김예은 김은우 金紫熒 김정현 김주현 김지수 김지아 김지애 김지영 김지원 김지혜 김지혜 김진겸 김진영 김찬빈 김창신 김해지 김현진 김혜정 꺼미베어 꽁 뀨쀼 끼룩 나무 나자 나주영 남은경 내성적인심바 노창석 놀자 느린_김병준 다혜 단어의집 당 도노 도리스 독도바다 돌고래 동물의사권선생 돛과닻 두웅 디드로 디어마이 디킨스 딩드 람 라룬 람등이 로운 로지즈 류이 리리 리오닝 마루 마리 마피아싱글하우스 말몽 멍양 명지돌 모둥 모라진Mora.jin 목지연 몽당연필 몽자 무딘 무명 문구점웅 문아영 문주연 믹 미루나무 미리 미피통조림 민주친구 밍구지 바나나래 바다는기다란섬 바람별 바지락 바흐사랑 박기태 박나나 박소연 박수희 박예향 박은선 박지민 박지웅 박현정 박혜림 박효수 박효정 발코니출판사 밝은 배고파 변지은 별꼴자리출판사 보스코 봄쌀 봄작 북극고양이 브로콜리 블레이크 블루아즈라엘 비롯 빙카 뿜빵 사이다 상어출판사 새날 서교 서굴 서영 서울로망 서희준 설향현 성기승 세수연 소다린 소복이 소정 소정 손든달 손한길 송예진 송지영 수수 순선화 숨 슈 스누피 스무디 스파이시 승유이모 시안 신세빈 신이— 실험과관찰 심플린 싱 쏘 ㅇㅁㅇ ㅇㅇ ㅇㅇㅇ ㅇㅎ 아라나래 아르케 아빠곰 아타 아톰 안개 안나 안현영 야오 양여사ㅎㅎ 어처구니 언제까지나 얼음 엄온비 에비에비 에제르 엘리 연장미 영수 에띠 예쁜콩 옐루미 오경진 오후 올리브앤 완화 왕두루미 용가리 우연씨 우정섭 우주미안 우쿠쿠보이 워너비너워 원 원소연채연 유가람 유나 유단비 유진 유하연 유효주 윤예진 율 은설 이다현 이물 이미나 이미지 이민정 이상해 이석 이수진 이수진 이승미 이승은 이승희 이안호범 이연실 이영재 이에인 이은규 이은옥 이은이 이은진 이정빈 이주현 이진 이지훈 이진욱 이채로운 이하은 임경훈 임다일 임수진 임은선 자노아 장국영 장우찬 장유진 장제제 재이 쟈니 전기남 전수연 정 정민교 정재은 정태희 정하은 조연주 조제리 조혜연 조혜진 주디 주영 준가 중이 쥬징 진아영 쩡 쪼리 차현호 책방사진관 책방심다 책봇에디스코 책수레 챔셔 천향이 철딱선희 최소연(슈슈) 최연아 최연우 최지원 최진영 최창근 최초딩 최현경 최현지 춘선 코빵이 코호북스 콩 콩콩이 킹핀 ㅌㅌㅌ 탄산 태호 투딜 티티카카 파랑새 파랑파랑 파주 파흔 팝핑 펭 프로젝트희희 하람아빠 하양별 한별 한소희 한아름 한아름 한주희 해영 해킹금지 허스키 허예지 허재희 헤비닝 현진 현희진 홍연주 홍재 홍차 화인 황다원 황서연 황혜정 후라이 후파람 히스클리프 힐리 A형라면 alf**** Anne Anzi audwh24 Barista—Gu batterygirl be**** BearCat Becky biamon9 book**** chable chou CinemoolKim clem**** colee**** Crystal_SJ curio dainn Dansak Park ddoro**** Dirtybarry dltkfkd**** dory**** Elicia Eun Gyoung fc**** free.not.free gen**** Genius ghgk ghlee**** godn**** hailin Han-keulJeong HeejinKim hi hm7899 Hyang-moChoi HyehyunSung hyeon HyeonseungSeo hyj**** hyn hyni i**** ime INYEONG italic itsjune jacksu**** Jaeha

JEIN Jinny Joo Julio June kai**** Kind_of_Summer kjm**** kkkjjw**** Lacavice LeeYess
lGakul혁이 lsb0**** LUNA819 lusor m**** ma**** mago Mh Seo milkyrain Minpyo
Kim missingyoon moldy MoonseonHur nellyzin**** Nevertheless nomorel novel문학
ohsukyou**** pahrenheit pigazzu PINEA Project_Dan qkektanf Ren RootandbranchKuhn rsg
Ryan saha5670 SanghyeokWon sangjae Sawasi ScheiBe seul1002 Seulgi Kim skaghkd****
SONATINA sonen SoojinKim soulmate44 spotless StUdIOsee summer705 SUPERBEAR
supersta**** tita Tommy tox ungo**** wangp**** wbsong21 wk**** WooheeByeon YongEon
Jeon YubinSong YvetteYang yythejude zeon**** (외 8명)